AF239178

GENERATION ABGESTUMPFT

Hinweis geschlechtergerechte Sprache (kurz Gendersprache): Personenbezeichnungen sowie personenbezogene Hauptwörter, die nur in der männlichen Form verwendet werden, gelten im Sinne der Gleichbehandlung grundsätzlich für alle Geschlechter. Eine gegebenenfalls verkürzte Sprachform hat ausschließlich redaktionelle Gründe und beinhaltet keine Wertung, sondern ist als geschlechtsneutral und diskriminierungsfrei zu verstehen.

Dieses Buch ist auch als E-Book erhältlich.

SANDY GRAF

GENERATION ABGESTUMPFT

EIN AUFRÜTTEL-BUCH

ÜBER EIGENVERANTWORTUNG ZUR GESELLSCHAFTSVERANTWORTUNG

Bibliografische Information der Deutschen Nationalbibliothek.
Die Deutsche Nationalbibliothek verzeichnet diese Publikation in der Deutschen Nationalbibliografie; detaillierte bibliografische Daten sind im Internet über http://dnb.dnb.de abrufbar.

Lektorat: Ulrike Tulka
Satz, Umschlaggestaltung und Verlag: BoD · Books on Demand GmbH, In de Tarpen 42, 22848 Norderstedt
Druck: Libri Plureos GmbH, Friedensallee 273, 22763 Hamburg

ISBN 978-3-7597-4074-8

INHALT

2018: »Hoffentlich kommt bald Regen.«

2020: »Hoffentlich fällt die Inzidenz bald auf 35.«

2022: »Hoffentlich zündet keiner eine Atombombe.«

2024: »Hoffentlich wiederholen wir nicht einfach nur das, was andere Generationen bereits getan haben.«

»Überempfindlich und abgestumpft zugleich sind wir geworden.«
WOLF BIERMANN

PROLOG

Abgestumpft – wird stellvertretend verwendet im Sinne von gleichgültig, auf sozialer, zwischenmenschlicher, gesellschaftlicher sowie politischer Ebene, den immateriellen Luxus an Meinungsfreiheit, demokratischen Grundwerten sowie Frieden nicht schätzend. Diese Aufzählung könnte vermutlich beliebig fortgesetzt werden. Andererseits impliziert dieses Wort, als Synonym für verhärtet, auch indirekt den Eindruck, ebenso für Extreme zu stehen, diese herauszufordern, ein Schwarz-Weiß-Denken zu fördern, weil einem ständig das Gefühl vermittelt wird, dass man sich entscheiden muss, für das eine und damit gegen das andere.

Gehöre ich als Mittvierzigerin zu dieser Generation? Einer Altersgruppe, die sich nicht aus Abstammungslinien begründet, sondern mittels kultureller und gesellschaftlicher Prägungen geformt wurde? Ist es überhaupt eine zeitlich begrenzte Generations-Frage? Oder zieht sich diese Teilnahmslosigkeit, diese Dumpfheit, diese Achtlosigkeit, diese Gedanken- und Empfindungslosigkeit durch alle Altersgruppen und Lebensbereiche gleichermaßen? Hat sich eine Art Parasit in der Spezies Mensch festgesetzt, nährt er sich von all dem »Höher, Schneller, Weiter«, vom »Meine« anstatt »Unser«, vom Überfluss an Selbstsucht und Hochmut bei gleichzeitigem Mangel an Demut, Empathie und bedingungsloser Dankbarkeit?

Was ich in diesem Buch versuche zusammenzutragen und zu spiegeln, schildere ich aus meiner persönlichen Sichtweise, als mündiger Mensch, basierend auf allgemein zugänglichen Informationsquellen, beurteilt beziehungsweise eingeschätzt mit meinem gesunden Menschenverstand (diesen bescheinige ich mir hiermit ungefragt), mit bestem Wissen und Gewissen. Ich setze mir keine Journalist:innen-, Expert:innen-, Forscher:innen- oder Wissenschaftler:innen-Kappe auf, um den Inhalt deutungssicher zu gestalten. Nur zu gern gebe ich diesen zur respektvollen Diskussion, zum lebhaften und leidenschaftlichen Austausch frei! Letztlich wünsche ich mir, dass sich am Ende dieses Buches für mich selbst erschließt, wo mein Platz im gesellschaftlichen Kontext ist. Was gebe ich, was nehme ich, und was nehme ich manchmal einfach nur hin? Kreise ich zu oft nur um mich selbst? Wie viel Egoismus ist in der heutigen Zeit angebracht? Vor was darf ich die Augen verschließen? Was fehlt mir, damit ich sie öffne?

Vielleicht tauchen genau diese oder ähnliche Fragestellungen in regelmäßigen Abständen auch in Ihrem Kopf auf, und wie so oft gibt es tausend und eine Ablenkung im Alltag, die diese Fragen und die damit verbundene Antwort- und Standpunktsuche im Sande verlaufen lassen. Eben noch hochmotiviert, tiefgründiger Selbstreflexion nachzugehen, und schwuppdiwupp, hat einen der Insta- oder Facebook-Benachrichtigungston in die Social-Media-Scheinwelt abdriften lassen. Aber dazu an späterer Stelle noch etwas ausführlicher. Ich werde Sie nicht mit dem übermäßigen Gebrauch von Analysen, wissenschaftlichen Abhandlungen, Statistiken, Schau-Tabellen oder Ähnlichem langweilen. Nein, ich werde Sie stattdessen durch alltagsbetreffende Themenbereiche manövrieren, manchmal auch ganz banaler Natur. Kommen Sie an Bord und lassen Sie mich versuchen, Ihnen in den folgenden Kapiteln Ankerpunkte zu unterbreiten, an die Sie Ihr Gedankenboot festmachen können, damit Sie anschließend, ganz nach Ihrem Zeitplan, die Leinen lösen und in See stechen können, mit Blick auf den eigenen Horizont und darüber hinaus.

»Wir sind nicht nur für das verantwortlich, was wir tun, sondern auch für das, was wir widerspruchslos hinnehmen.«

ARTHUR SCHOPENHAUER

KAPITEL I

KLIMAWANDEL – WEN JUCKT'S?!

EINE SELBSTHILFEGRUPPE FÜR JAHRESZEITEN

51° 20' 22.92 N 12° 22' 23.16 E – das sind die GPS-Koordinaten meines Wohnortes, meiner Heimatstadt seit über 20 Jahren. Bevor Sie nun das Smartphone bemühen müssen, verrate ich Ihnen gern meinen örtlichen Fixpunkt: Leipzig (die heimliche Landeshauptstadt Sachsens). Leipzig liegt ungefähr 113 Meter über dem Meeresspiegel, ist circa 5715 Kilometer vom Äquator entfernt, eingebettet in die gemäßigte Klimazone. Letztere ist schon Bestandteil des schulischen Geografie-Unterrichtes gewesen, als ich noch versonnen im Diercke-Weltatlas herumgeblättert habe. Gemäßigtes Klima also, ohne extreme Temperaturschwankungen, die 12 Monate geviertelt in gut abgrenzbare Wetter-Zeit-Pakete, auch Frühling, Sommer, Herbst und Winter genannt.

In einer fiktiven Selbsthilfegruppe für desillusionierte Jahreszeiten würde der Frühling erzählen, dass er eigentlich ein nass-kühler Geselle ist, bei dem die österliche Süßigkeiten-Suche auch schon mal in Weiß daherkommen kann, er aber auch diese wundervoll erblühende Phase in sich trägt, in der die Seele wieder bunt denkt und fühlt. Der Sommer würde sich outen als Arschbomben-Fan und Pommes-rot-weiß-Junkie im Freibad, der laue Party-Nächte mag, dem der Sturz-Regen mit und ohne Gewitter vertraut ist, der aber auch ganz romantisch sein kann, mit Grillenzirpen und Glühwürmchen-Alarm. Den Herbst würden wir in der Vorstellungsrunde als einen Unterstützer für das Drachen-fliegen kennenlernen, als jemanden, der gern den Farbpinsel schwingt, einer gewissen Sammelleidenschaft für reife Baumfrüchte nachgeht sowie die Natur gern ab und an mit Spinnwebenfäden vernetzt. Der Winter würde sich über seine oftmals kalten Ohren und Füße be-schweren sowie über die laufende Nase in Anbetracht des ständigen Temperaturwechsels zwischen drinnen und draußen. Er würde seine Traurigkeit schildern, da er sich oft missverstanden, sich zu Unrecht verantwortlich gemacht fühlt für den Winter-Blues, weil er nicht so bunt und hell daherkommt. Dabei schenkt er uns doch auch das Glitzern der Eiskristalle im Sonnenlicht und diesen wunderbaren Klang, wenn der Schnee unter den Schuhen schnorbst.

Doch würden diese vier in dieser Runde zusammensitzen, wenn alles wie immer beziehungsweise früher wäre, so wie in meiner kind-lichen Erinnerung, ganz simpel und plakativ – Sommer warm, Winter kalt? Spielt das Wetter tatsächlich verrückt oder sind, beispielhaft für Deutschland genannt, das »Jahrhunderthochwasser« 2002, der Wintersturm Kyrill 2007, die Flutkatastrophe im Ahrtal 2021 sowie der Waldbrandsommer 2022 alles einfach nur Ausreißer, wie die Fünf damals im Deutsch-Diktat? »Keine Panik auf der Titanic«, würde Udo singen, und doch ist dieses Schiff letztlich gesunken. Steht unserem Heimatplaneten ein ähnliches Schicksal bevor? Befinden wir uns bereits auf einer unumkehrbaren Schussfahrt, die nicht glimpflich im Wasser-Auffangbecken im Heide Park Resort (Soltau) enden wird, da es sich nicht um eine nervenkitzelnde Wildwasserbahn-Fahrattraktion handelt, sondern um das reale Leben? Das wäre nicht weniger nervenkitzelnd beziehungsweise beängstigend.

Für den 31. Dezember 2022 sind als Tages-Höchsttemperatur in Leipzig 15 Grad Celsius vorausgesagt gewesen, 15 Grad plus wohlgemerkt. Dies hat sich in der Silvesternacht auf 16 Grad Celsius gesteigert, immer noch im Plus-Bereich. Das sind die realen Temperaturen in meiner Heimatstadt zum Jahreswechsel 2022 gewesen, nicht die gefühlten aufgrund des Promille-Gehalts im Blut im Zusammenhang mit dem Sekt-Prosit um Mitternacht. Man könnte sich einreden, dies wäre auch wieder nur so ein Ausreißer, irgendeine Warmluftdüse, aus der Sahara-Ecke stammend. Man könnte sich freuen über solch ungewöhnlich milde Temperaturen, die Raketen und Böller müssen nicht bei klirrender Kälte mit zitternden Händen gezündet werden. Schade eigentlich.

Es ist für mein Empfinden höchst bedauerlich, dass sich ein generelles Feuerwerks-Verbot nicht durchgesetzt hat. Ein in meinen Augen sinnfreier Kommerz schlägt leider immer noch vielerorts alle logischen Argumente in Bezug auf Tier- und Umweltschutz. Aber ja, das haben wir ja schon immer so gemacht, böse Geister vertreiben und so, werden viele argumentieren. Es ist quasi der Knoblauch-Ketten-Ersatz für Pyrotechnik-Liebhaber:innen. Im Hintergrundpapier des Umweltbundesamtes, Ausgabe Dezember 2022, kann Folgendes nachgelesen werden: »Jährlich werden rund 2.050 Tonnen Feinstaub (PM 10) durch das Abbrennen von Feuerwerkskörpern freigesetzt, der größte Teil davon – rund 75 Prozent – in der Silvesternacht. Diese Menge entspricht knapp einem Prozent der insgesamt in Deutschland freigesetzten Feinstaubmenge pro Jahr.« [1] Diese Zahlen beziehen sich auf Durchschnittswerte der letzten 10 Jahre vor Corona. Hallo-o?

Knapp ein Prozent könnte richtig schnell und easy und sogar ganz unkompliziert eingespart werden, der Umwelt und eigenen Gesundheit zuliebe, wenn der Knallerei generell ein Ende gesetzt werden würde. Krass, Alter! So wären es nur noch rund 99 Prozent, um die wir uns kümmern müssten, zumindest was den Feinstaub angeht. Das ist vermutlich nicht ganz so unkompliziert durchzusetzen, aber wollen wir uns mal nicht gleich am Anfang entmutigen lassen. Und überhaupt, ist es nicht alles Quatsch, das mit dem Klimawandel? Auf eine Eiszeit folgt auf ganz natürliche Weise eine warme beziehungsweise wärmere Periode. Dies ist doch in der *Ice Age*-Filmreihe mit Manni und Sid wunderbar nachzuvollziehen. Oder nicht?

Die Sommer-Dürren in Deutschland in den Jahren 2018 bis 2020 sind auf der Gedächtnis-Festplatte längst überschrieben worden angesichts der COVID-19-Pandemie (zur Erinnerung – das war dieses neuartige, Anfang 2020 in Erscheinung getretene Virus mit mittlerweile circa 6,8 Millionen Toten weltweit). Der Hitzesommer 2022, verbunden mit abermals extremer Trockenheit, welche in einem europaweiten Rekord-Waldbrand-Jahr mündete – er ist längst überlagert von den geopolitischen Ereignissen, die seit dem 24.02.2022 nicht nur das europäische Zeitgeschehen in Atem halten (Ukraine-Krieg). So ist es nicht verwunderlich, dass das immer rasantere Abholzen des Amazonas-Regenwaldes in Brasilien zur Randnotiz verkümmert. Allein im April 2022 verschwinden, von Menschenhand initiiert, 1000 Quadratkilometer Regenwald, eine Fläche größer als Berlin. [2] »Die grüne Lunge der Erde« stirbt, Baumstamm für Baumstamm. Bereits im Jahr 2021 stößt der Wald mehr CO_2 aus, als er bindet. [3] Es bleibt die

Hoffnung, dass mit dem Regierungswechsel Ende 2022 die zukünftige Klimapolitik Brasiliens diesem bedeutenden und gleichermaßen sensiblen Ökosystem gerecht wird, auch wenn dies sicherlich erst die kommenden Jahre zeigen werden [4].

Schaut man in die andere Himmelsrichtung, nach Osten, ist der Blick ähnlich Rauchschwaden-getrübt. [5] Riesige Flächen an Wäldern und Steppen Sibiriens stehen in Flammen, Jahr für Jahr, ein gesundes oder vielmehr verkraftbares Maß schon lange übersteigend. Neben dem freigesetzten CO_2 durch den Verbrennungsprozess selbst lauert hier noch die Gefahr, dass zusätzlich CO_2 sowie Methan, *die* Treibhausgase schlechthin, durch das Auftauen der sogenannten Permafrost-Schicht (Dauerfrostboden) freigesetzt werden. Der Prozess der Freisetzung wird begünstigt durch die vermehrten Wald- und Steppenbrände sowie durch den Temperaturanstieg infolge der allgemeinen Klimaerwärmung. Die immer wieder auftauchenden Schlagzeilen, dass durch das Auftauen der Dauerfrostböden auch jahrtausendealte Krankheitserreger, als »Zombie-Viren« betitelt, zu Tage treten und eine potenzielle Bedrohung darstellen könnten, klingen da wohl noch zu science-fiction-lastig, als dass sie wirklich ernstgenommen werden würden. [6] 2011 ist der Film *Contagion* allerdings auch eine cineastische Utopie gewesen, welche 2020 in Form der C19-Pandemie den Sprung auf die Wirklichkeits-Leinwand geschafft hat. Ob die Bürger:innen der Vereinigten Staaten von Amerika im Dezember 2022 angesichts des Wintersturms »Elliott« mit Schneechaos und Temperaturen bis zu minus 40 Grad Celsius an den aus dem Jahr 2004 stammenden Film *The Day after tomorrow* denken mussten?

Wärmen wir uns lieber mit einer Tasse Tee in den Händen und dem Blick auf das lodernde Kamin-Feuer – die Holzscheite verbrennen schließlich klimaneutral und werden in Deutschland als »grüner« Energieträger eingestuft. Zu Beginn der Energie- und insbesondere Gas-Krise infolge des Ukraine-Krieges sind Holzöfen, für den Privatgebrauch, phasenweise regelrecht gehypt worden als zusätzliche Heizmöglichkeit. Holz als Brennstoff ist reichlich vorhanden, dem Waldsterben sei Dank... Achtung, das war Ironie! In unserem Wohnzimmer steht seit 2015 solch eine Feuerstätte, welche an kühleren Tagen zum Einsatz kommt, damit das Thermostat am Heizkörper nicht höhergedreht werden muss. Einen sogenannten Schüttraummeter Holz verbrauchen wir in einer Heizsaison, sprich, eine lose geschüttete Holzmenge von einem Kubikmeter auf ein Jahr gesehen. Um die Menge noch etwas greifbarer zu machen – stellen Sie sich einen Holzstapel aus gespaltenen Meterstücken vor, die jeweils einen Meter hoch und einen Meter breit aufgeschichtet sind (= 1 Raummeter). Da die Lieferung frei Haus jedoch nicht in Meterstücken erfolgt, sondern in der Regel als ungefähr 33 Zentimeter lange Scheite, geschüttet in eine IBC-Gitterbox, damit nicht fein säuberlich gestapelt, sondern eben geschüttet, verringert sich die Holzmenge etwas. Aber lange Rede, kurze Aussage – grob gesehen ist das ein Holzhaufen mit den Maßen 1 m x 1 m x 1 m. Dies klingt erst einmal nicht übermäßig viel, aber wie viele Baumstämme und am Ende dadurch gefällte Bäume sind das eigentlich? Und wie handhabe ich es als Privatperson korrekterweise, damit ich diese letztlich klimaneutral verwende? Klimaneutral hieße in dem Sinne, dass ich das durch das Verbrennen im heimischen Kamin entstehende CO_2 kompensiere. Indem ich jedes Jahr zwei Bäume neu pflanze? Gattung Laub- oder Nadelbaum? Oder müssten es mindestens zehn Baumsetzlinge pro Jahr sein? Wie kann ich das Gleichgewicht wiederherstellen? Wann erreicht der neugepflanzte Baum dasselbe Niveau in Hinblick auf die CO_2-Speicherung als eine seiner natürlichen Funktionen, verglichen mit dem gefällten Baum? Beruhigt es das Gewissen und reicht es aus, nur gut getrocknetes Kaminholz zu verfeuern, damit nicht mehr Ruß und Feinstaub als wirklich nötig entstehen? Kann ich dem örtlichen Holzhändler vertrauen und sicher sein, wenigstens kein illegal geschlagenes Holz durch den Schornstein zu jagen? Bleibt der Ofen dann doch lieber aus und der Gasverbrauch steigt? Damit nutze ich jedoch einen nicht nachwachsenden, fossilen und damit noch viel klimaschädlicheren Brennstoff.

Verzeihen Sie mir bitte, falls Ihre Synapsen gerade anfangen zu glühen infolge meiner Fragen-Spirale. Meine vorangegangenen Ausführungen sollen keine Vorhaltungen darstellen, und sicher gibt es weit Wichtigeres als die Holzofen-Thematik, worüber man sich Gedanken machen könnte und sollte im Zusammenhang mit dem Klimaschutz.

Ich möchte meine, wenn auch laienhaften, Überlegungen mit Ihnen teilen, um letztlich mir selbst zu verdeutlichen, wie acht- und sorglos ich mitunter im Alltag unterwegs bin. Der Kamin steht hierbei sinnbildlich für viele andere Beispiele, denen mehr Selbstreflexion meinerseits sicherlich gut zu Gesicht stehen würde.

PRIVATE KLIMAWENDE, E-AUTO UND PERSÖN-LICHES EINKAUFSVERHALTEN

Wie kann die Klimawende im Kleinen, im Privaten, gelingen? Was kann ich persönlich leisten, um meinen ökologischen Fußabdruck so klein wie möglich zu halten? Als Erstes kommen mir, und Ihnen vielleicht auch, die Stichpunkte:

- weniger Autofahrten, mehr ÖPNV
- Car-Sharing
- Mülltrennung und recyceltes Toilettenpapier
- Second-hand für Kleidung, Mobiliar und Bücher
- Ökostrom-Tarif
- die Mini-Photovoltaik-Anlage auf dem Balkon (oder die etwas größere Variante auf dem Haus- oder Carportdach)
- weniger oder keine Urlaubsreisen, die Kreuzfahrtschiffe oder Flugzeuge benötigen (letztere zu meiden, fällt mir aufgrund von Flugangst sehr leicht)
- Spenden an Greenpeace, WWF, NABU und ähnliche Organisationen

in den Sinn. Und das ist gut so! Wenn Sie die Worte ›NABU‹ und ›die 77 besten Klimaschutz-Tipps‹ googeln, gelangen Sie zu einer in meinen Augen sehr informativen Übersicht, die praktische Alltags- und Haushalts-Tipps auflistet. [7] Eigenverantwortung und Eigeninitiative sind die Grundpfeiler, damit wir die Theorie und das erstmal nur Gelesene sowie Gedachte auch wirklich in den Alltag integrieren können.

Sich selbst immer wieder zu sensibilisieren und zu motivieren, ist das A und O, wie bei so vielen Themen. Kritisch zu hinterfragen, ob eine angepriesene angebliche Lösung auch wirklich eine Lösung ist oder nur Augen- beziehungsweise Klimaschutz-Wischerei, ist dabei unabdingbar und führt, meiner Meinung nach, unweigerlich zum Stichwort E-Auto.

BEV, BEV-REx, HEV, PEHV, FCEV – das sind nicht die ersten Worte eines neuen Fanta4-Songs à la *MfG – Mit freundlichen Grüßen*, sondern Abkürzungen für verschiedene Arten von Elektroautos. Hat man sich durch den Abkürzungsdschungel gekämpft und sich näher mit der Materie befasst, setzt Ernüchterung ein. Möchte man sich ohne Zuhilfenahme eines Verbrennungsmotors fortbewegen, bleibt als einzige Wahl das batterieelektrische Fahrzeug (BEV) oder das mit Wasserstoff betriebene Brennstoffzellen-Fahrzeug (FCEV). Doch beide Typen sind nur so umweltverträglich und emissionsarm, wie es der Strom ist, der für den Betrieb beziehungsweise zur Herstellung des Kraftstoffes verwendet wird. Die Frage, ob der Strom aus erneuerbaren Energiequellen stammt und damit der CO_2-Bilanz zuträglich ist, ist jedoch nur eine von vielen in dem Zusammenhang. Die Reichweiten-Thematik ist für den Alltag sicherlich zunächst die entscheidendste – komme ich überhaupt von A nach B, und wie und wann wieder zurück von B nach A, wenn keine Ladestation oder Wasserstofftankstelle in der Nähe ist für solche Fahrzeuge? Eignen sie sich grundsätzlich nur für den Stadtverkehr? Können überhaupt die Heizung, die Klimaanlage, das Radio ohne Bedenken benutzt werden oder rolle ich dann mit dem E-Auto gar nicht erst vom Stellplatz? Darf ich die mit Umweltschäden sowie teilweise stattfindender Kinderarbeit verbundene Rohstoffgewinnung von Lithium, Kobalt und Co. in Ländern wie Chile und Kongo einfach ausblenden, um mir die Lithium-Ionen-Batterie für das E-Auto schön zu reden? [8] Wie wird diese nach ihrer Lebensdauer von acht bis zehn Jahren überhaupt »entsorgt«, was davon unter welchen Bedingungen recycelt? Gibt es hierfür erprobte, verlässliche Standardverfahren, die keine Umweltbelastung nach sich ziehen? Wie viel Sondermüll entsteht und wohin mit dem ganzen Elektro-Schrott? Eine Aufgabe für *WALL·E*? Dies betrifft nicht nur Batterien für E-Autos: Smartphones, Tablets, E-Zigaretten, Küchen- und Gartengeräte mit Akkubetrieb sind nur einige von vielen Beispielen für den um sich greifenden Akku-Nutzungswahnsinn.

Lassen Sie mich den Fokus jedoch noch einmal kurz zurück auf das E-Auto legen. Je tiefer ich in dieses Thema einsteige, desto unsicherer werde ich. Geht Ihnen das ähnlich? Ich muss im Zusammenhang mit dem Produktionsprozess und den dafür notwendigen Ressourcen Deutschland zudem gedanklich gar nicht erst verlassen, um Zweifeln nachzuhängen. »Ich fühl mich so leer, ich fühl mich Brandenburg.« – so beschreibt Rainald Grebe in seinem gleichnamigen Song *Branden-burg* aus dem Jahr 2005 auf sicher etwas zugespitzte Art und Weise das Bundesland. Leergesogen und damit kontinuierlich sinkend wird auf lange Sicht hin gegebenenfalls der Grundwasserspiegel in und um die Tesla Gigafactory in Grünheide in Ost-Brandenburg sein. Eine Million E-Autos als jährliches Produktionsziel hat Tesla (ein zu Unrecht? gehypter US-amerikanischer Solaranlagen-, Batterie- und Elektroautomobilhersteller) verkündet, sobald der Werksausbau um-gesetzt worden ist. Schon jetzt werden dem Werk durch den regio-nalen Wasserverband (WSE) vertraglich 1,8 Millionen Kubikmeter an Wasser jährlich zugesichert. [9] Und dabei hat das Bundesland Brandenburg seit 2018 vier Dürrejahre erlebt. Trinkwasser ist also jetzt schon eine mehr als knappe Ressource in dieser Region. Natur- und Umweltschützer weisen immer wieder auf mögliche Gefahren im Sinne von Umweltfolgen hin. Landesumweltamt, Landesregierung, regionaler Wasserverband – sie prüfen, wägen ab, entscheiden, beschwichtigen, gefangen im Spagat, einerseits Wirtschaftswachstum zu fördern und andererseits verantwortungsvoll und nachhaltig mit natürlichen Ressourcen umzugehen sowie Lebensräume zu schützen. Doch mal ehrlich, so unter uns: Ist nicht jetzt bereits wieder einmal die Umwelt die leidtragende Komponente? Wenn es einen Grenzwert gibt für sogenannte wassergefährdende Stoffe, die in das Abwassersystem eingeleitet werden dürfen, wird damit nicht der Umweltschutz von Vornherein ad absurdum geführt? Weshalb existiert keine Null-Prozent-Toleranz gegenüber Schadstoffen aus Produktionsprozessen?

Ich habe ein paar Zeilen weiter oben bereits kurz die Strom-Thematik erwähnt. Ergänzend hierzu stellt sich meiner Ansicht nach die berechtigte Frage, wie »Öko« oder erneuerbar der Strom ist, wenn Sonne und Wind tage- oder wochenlang Mangelware sind? Dies ist theoretisch vorstellbar und ebenso realistisch, nicht wahr? Unbestritten ist, dass eine Solaranlage Strom auch an Tagen mit einem bewölkten Himmel erzeugt, jedoch wesentlich weniger ertragreich. Was kommt an einem solch wolkenverhangenen Tag dann eigentlich aus der häuslichen Steckdose – zum Beispiel der mittels eines Braunkohlekraftwerkes erzeugte Strom aus dem Tagebau um die Ecke? Wozu dann ein E-Auto? Für was genau zahle ich den Aufpreis beim Öko-strom-Tarif? Kann ich mich mit dem Gedanken trösten, dass der von mir gewählte Stromanbieter diesen Aufpreis wenigstens verwendet, um den Ausbau umweltschonender Energieerzeugungsanlagen für erneuerbare Energien voranzutreiben, so dass der Strommix in Deutschland auf lange Sicht hin »grüner« wird?

Wenngleich ich mich manchmal nur als ein kleines, unbedeutendes Zahnrädchen fühle, in dieser so mächtig erscheinenden Klima-Debatte, ich kann und möchte meinen Beitrag leisten. Verunsicherung als Folge von zu vielen, teils widersprüchlichen Fakten darf kein Grund zur Resignation sein. Sie und ich, wir können unsere persönliche Einstellung reflektieren, überdenken, anpassen und das jederzeit. Unser persönlicher CO_2-Fußabdruck liegt – richtig – in unserem persönlichen Tanzbereich, ist also in einem gewissen Maße durch uns selbst beeinflussbar. Wir als Verbraucher:innen bestimmen zum Beispiel die Nachfrage, wenn wir unser (Kauf-)Verhalten ändern. Saisonal und regional sind zwei Begriffe, bei denen Sie gegebenenfalls genervt abwinken, was ich aufgrund der inflationären Verwendung durchaus verstehen kann. Alles, was außerdem belehrend daherkommt, rauscht vermutlich sowieso nur von der linken zur rechten Ohrmuschel, ohne sich im dazwischenliegenden Gehirnareal festzusetzen. Erlauben Sie mir dennoch das folgende Gedankenspiel: Wenn der Bio-Apfel aus Chile nicht in meinem und Ihrem Einkaufskorb landet, dann überdenkt der Supermarkt um die Ecke auf mittelfristige Sicht hin sein Beschaffungsverhalten. Sicher argumentieren manche, es sei zu naiv gedacht, aber solche Wenn-dann-Ketten können hilfreich sein. Es mag die Vielfalt auf der Obst-Etagere etwas einschränken, wenn die Heidelbeeren aus Peru, die extra sweet Ananas aus Costa Rica, die green oder golden Kiwi aus Neuseeland nicht mehr regelmäßig auf der Einkaufsliste stehen. Glücklicherweise gibt es genügend heimische Obstsorten, die als Vitaminquelle dienen können. Unterstützend kann man, zumindest in der kalten Jahreszeit, den Radius auf Europa ausweiten. Und ich halte daran fest: Wir als Endverbraucher:innen haben einen gewissen Einfluss auf das Angebot, nicht nur beim Thema Ernährung. Es liegt an uns selbst, weiter in der Ich-als-einzelner-habe-doch-gar-keinen-Einfluss-Starre zu verharren oder eben nicht. Tschakka!

DER BLICK VOR DIE EIGENE HAUSTÜR

Ein mutiges, ernstgemeintes, wirklich wollendes Tschakka ist dringend notwendig, wenn wir ebenso ernstgemeint und unvoreingenommen auf die derzeitigen Klimaentwicklungen und –phänomene schauen. Hierfür muss ich als Laie auch nicht zwingend Fachartikel zu sogenannten Kipppunkten oder zu El Niño beziehungsweise La Niña durchforsten und versuchen, diese zu begreifen. Hierfür muss ich mich gedanklich nicht auf andere Kontinente beamen, um mit Betroffenheit wahrzunehmen, wie zum Beispiel das Amazonasgebiet oder auch die Antarktis sowie deren jeweilige Fauna und Flora leiden. Es genügt, die eigene Haustür aufzumachen und vor eben diese zu schauen. Es genügt der Blick auf Mitteleuropa, um zu begreifen, dass etwas gehörig aus dem Ruder läuft!

Ein Beispiel hierfür ist die Wasserarmut des Gardasees, die es im Sommer 2023 über die Landesgrenze Italiens hinaus zu negativer Publicity geschafft hat. [10] Erwähnenswert ist auch die nationale Wasserstrategie, welche Frankreich im Frühjahr 2023 vorgestellt hat, um die bereits jetzt schon spürbaren Auswirkungen der Dürreperioden der letzten Jahre aufzufangen, sofern das überhaupt noch möglich ist. [11] Die Schweiz kann ebenfalls mit einem bedenklichen Beispiel aufwarten, denn das Land erlebt eine dramatisch beschleunigte Gletscherschmelze – in 2022 und 2023 ist das Gletschervolumen um zehn Prozent geschrumpft, oder anders ausgedrückt, in diesen beiden Jahren ist genauso viel Eis verloren gegangen wie im Zeitraum 1960 bis 1990. [12] Ich glaube, die Endlichkeit der Ressource Wasser, insbesondere des Trinkwassers, welche sich in diesen drei Beispielen widerspiegelt, ist noch nicht tief genug in unser Denken und Handeln eingedrungen, damit wir beides wirklich umstellen im Alltag, damit wir beginnen, uns mit den möglichen Konsequenzen bewusst auseinanderzusetzen. Wenn Ihnen wissenschaftliche Artikel, Klimaschützer-Appelle oder Politiker-Reden zur Klimawandel-Debatte zuwider sind, dann nehmen Sie gern *Die Geschichte des Wassers*, einen Roman von Maja Lunde, in die Hand und lassen sich gleichermaßen faszinieren wie sensibilisieren.

Kehren wir zurück zur eigenen Haustür und lassen Sie uns kurz vor diese treten. Es ist doch für jeden sichtbar, dass in Deutschland »Herbst«-Stürme mit Orkan-Potential mittlerweile das ganze Jahr über wehen, dass das vermehrte Windaufkommen zusätzlich zum Mangel an Niederschlag die Böden austrocknet und somit Einfluss nicht nur auf die Landwirtschaft nimmt. Werden zur Abwechslung höhere Niederschlagsmengen angekündigt, dann geht damit meist auch eine Unwetterwarnung einher. Wir bewegen uns also auch meteorologisch immer mehr in Extremen. Wenn ich in den frühen 2000er über die Landstraße oder Autobahn gefahren bin, ist die Windschutzscheibe meines Autos ein gläserner Sarg für nicht nur gefühlt mindestens 100 Insekten gewesen. Heutzutage muss ich die Frontscheibe maximal vom (Sahara-)Staub befreien, von Insektenkadavern keine Spur. Ist das ein Zufall oder ein Beleg für das allgemeine Insektensterben, bedingt auch durch die intensive industrielle Landwirtschaft? Milde Winter führen dazu, dass sich die Pollenflugzeit generell verlängert, zum Leidwesen der Allergiker:innen, zur Freude der Pharmaindustrie. Sich verändernde Jahreszeiten wirken sich auf den Biorhythmus von Wildtieren aus, zum Beispiel auf die Winterschlafdauer von Igeln, um bei der Selbstbeobachtung im heimischen Vorgarten zu bleiben. Ebenfalls gut durch eine simple Eigenstudie zu belegen, wenn man aufmerksam durch die Natur spaziert: Laubbäume werfen viel früher ihre Blätter und Früchte ab, da der sogenannte Trockenstress, bedingt durch langanhaltende Trockenperioden, ihren natürlichen Rhythmus durcheinanderwirbelt. Dies wiederum wirkt sich auf das Nahrungs-angebot sowie auf den Zeitpunkt aus, ab wann und bis wann dieses Angebot Wildtieren zur Verfügung steht.

Das alles muss uns doch zu denken geben! Oder bereitet uns in Bezug auf den Klimawandel in unseren Breitengraden nur Sorge, dass die größer werdende Dominanz der Sommerzeit mit der damit ein-hergehenden Trockenheit, der zunehmenden Waldbrandgefahr sowie Wasserknappheit Einfluss darauf haben könnte, ob der Eigenheim-Pool gefüllt werden kann und darf? Mutieren wir zum Wutbürger, weil wir uns das Rasensprengen oder Autowaschen nicht verbieten lassen wollen? Die Bewegung »Fridays for Future« mag überholt sein, aber nur aus dem Grund, dass uns der Klimawandel mit seinen Folgen auch montags, dienstags, mittwochs, donnerstags, samstags und sonntags bewusst sein muss. Für unseren Planeten gibt es keinen Spielraum mehr für weitere Ignoranz und weiteres Verleugnen.

DIE KLIMAKRISE, EINE DESINFORMATIONSKRISE?

Das Verleugnen des Klimawandels sowie der menschengemachten Erderwärmung durch die »Gegner« ist jedoch *die* Taktik seit Jahrzehnten. Die Klimakrise geht mit einer Art Desinformationskrise einher. Ich lotse uns an dieser Stelle kurz über den großen Teich. Bereits 1988 fand eine Anhörung im US-Kongress statt (James E. Hansen, NASA), welche den Treibhauseffekt infolge von durch Menschen emittierte Treibhausgase und dessen Auswirkung auf das globale Klima zum Inhalt hatte. In den Folgejahren sind in den USA immer wieder Zweifel gestreut worden in Bezug auf die Erkenntnisse wissenschaftlicher Forschung. Urheber dessen waren jene Industriezweige, welche für ihren Produktionsprozess fossile Brennstoffe verarbeiteten und ferner im Zusammenhang mit der Nutzung des jeweiligen Endproduktes fossile Energieträger benötigten. Die Lobbyorganisation ›Global Climate Coalition‹ (kurz GCC, Mitglieder zum Beispiel Shell Oil, ExxonMobil, BP, Ford, General Motors) beziehungsweise die durch sie für die Medienarbeit beauftragte PR-Firma ›E. Bruce Harrison‹ haben durch ihre Medien-Kampagnen Klimaschutzmaßnahmen gelähmt, blockiert, und damit letztlich klimapolitischen Einfluss genommen. [13] Bezeichnenderweise ist eine dieser Kampagnen als »Strategie des Nebels« (1995) betitelt worden.

Infolgedessen sind in Bezug auf Klimaschutzbemühungen

Jahrzehnte verschwendet worden. Wieso? Weil die betroffenen Industriezweige verdeckt operierend, mitunter aber auch ganz offen, dagegen Stimmung gemacht haben. [14a] [14b] In der Bevölkerung ist Verunsicherung erzeugt worden, indem suggeriert wurde, dass Klimaschutzmaßnahmen beispielsweise den Verlust von Arbeitsplätzen, eine sinkende Wirtschaftskraft sowie den Verlust von Wohlstand bedeuten.

Anfängliche wissenschaftliche Unsicherheiten aufgrund von fehlenden, wissenschaftlich fundierten Beweisen sind ausgenutzt worden, um klimapolitische Maßnahmen auf die lange Bank schieben zu können, um den vorrangig aus der Energie- und Autobranche stammenden Unternehmen weiterhin beträchtliche Umsätze und Gewinne zu bescheren. Schlussendlich haben die USA im Jahr 1997 das sogenannte Kyoto-Protokoll (Protokoll von Kyoto zum Rahmenübereinkommen der Vereinten Nationen über Klimaänderungen) zwar unterschrieben, aber nie ratifiziert. Somit haben die Vereinigten Staaten von Amerika, als zum damaligen Zeitpunkt größte Industrienation, dieses völkerrechtliche Abkommen über verbindliche Zielwerte für den Treibhausgas-Ausstoß als Hauptursache der globalen Erderwärmung nie umgesetzt.

Sind wir, rund 25 Jahre später, mittlerweile klüger, kompetenter, entschiedener? Ist die Klimapolitik heutzutage weniger beeinflusst von lobbyistischen Seil- und Machenschaften? Wohl kaum, wenn beispielsweise für die Weltklimakonferenz Ende 2023 in Dubai (COP28) über 2000 Lobbyisten für fossile Brennstoffe (Kohle, Erdgas, Erdöl) Zugangspässe erhalten haben. Ein Schelm, der Böses dabei denkt beziehungsweise ein Narr, der an eine rein passive Beobachtungs-haltung durch diese Interessenvertreter auf solch einer Veranstaltung glaubt.

Kehren wir von der global-politischen Klimagemeinschaft (eine Gemeinschaft zumindest auf dem Papier) zurück zum Individuum. Sich als dieses mit der Klimakrise zu befassen, sich mit den Auswirkungen, insbesondere für zukünftige Generationen, zu konfrontieren, kann überwältigend sein. So mag es ein natürlicher Reflex sein, diese Thematik und damit einhergehende unangenehme Gefühle zu meiden, Augen und Ohren zu verschließen, um verdrängen zu können. Seien wir ehrlich – wir wollen einfach nur unser Leben möglichst bequem leben, wir wollen einen schönen Tag haben, uns nehmen, was uns zusteht (was auch immer uns dazu legitimiert zu glauben, dass es uns zusteht), und wir wollen weitermachen wie bisher.

Es muss uns verdammt nochmal »jucken«, wenn Sie mir mit dieser Formulierung den Bogen zurück zur Kapitelüberschrift erlauben. Es muss uns am ganzen Körper jucken, damit es nicht mehr aushaltbar und vor allem nicht weiter hinnehmbar ist, was mit unserer Umwelt sowie unserem Klima geschieht. Wir, die Hauptverursacher für diese Entwicklungen, müssen uns endlich bewegen. Dieser Stempel, »Zerstörer der Welt zu sein«, wiegt schwer und deprimiert, definitiv! Dennoch sollten wir ihn hinterfragen und schauen, wie berechtigt er ist. Als Privatpersonen können wir nur in unserem unmittelbaren Umfeld eine Veränderung bewirken. Ganz gleich, wie groß oder klein unser Wirkungsradius auch sein mag, wichtig ist für mein Empfinden, uns selbst in die Bewegung und damit ins Handeln zu bringen. Es ist absolut klar, dass wir im Privatsektor allein diese Herkulesaufgabe weder stemmen noch lösen können. Es geht aber auch nicht ohne uns! Wir dürfen uns in diesem Prozess Schwächen zugestehen, dürfen unperfekt sein, wir dürfen mitunter auf der Stelle treten, dürfen uns in unterschiedlicher Geschwindigkeit und Ausprägung auf den Weg machen. Was wir allerdings nicht sollten, meiner Meinung nach, ist, antriebslos und erstarrt auf einen imaginären Retter zu warten. Sich selbst und im besten Falle sich gegenseitig zu motivieren, wäre doch ein vielversprechender Ansatz, oder? Und ich betone: Motivieren, nicht missionieren! Eine gemeinsame Antriebskraft zu entwickeln, zumindest aus dem Grundgedanken heraus, der Natur so wenig Schaden wie möglich zuzufügen, in Ihrem und meinem Alltag, hat einen gewissen Charme und liegt zweifelsohne in unserem jeweiligen persönlichen Wirkungskreis.

»Was du tust, macht einen Unterschied, und du musst entscheiden, welchen Unterschied du machen willst.«

JANE GOODALL

PLATZHALTER FÜR EIGENE ERKENNTNISSE UND IDEEN

_____

_____

_____

_____

_____

_____

_____

_____

_____

_____

_____

_____

_____

_____

_____

_____

_____

_____

_____

_____

_____

_____

KAPITEL II

ERNÄHRUNG UND TIERSCHUTZ –
WIE YIN UND YANG?

DIE STEINZEIT LÄSST GRÜSSEN

Ist der Mensch ein Allesfresser? Oder sind unsere Vorfahren ursprünglich Sammler von pflanzlicher Nahrung gewesen und erst die Erkenntnis, zu damaligen Zeiten nicht am Ende der Nahrungskette zu stehen, sondern sich mittendrin und damit in Lebensgefahr zu befinden, hat uns zu Jägern werden lassen? Ist die Jagd und damit das tierische »Abfallprodukt« Fleisch eine pure Überlebensstrategie gewesen? Ich würde dem Ganzen zudem gern unterstellen wollen, dass zu jenen Zeiten ein Wildtier ganzheitlich genutzt worden ist: Fleisch als Protein- sowie Energiequelle, Knochen zur Herstellung von Werkzeugen, Felle und Tierhäute als Bestandteile der Kleidung. So betrachtet könnte man konstatieren, dass die Tötung eines Tieres ansatzweise einen Sinn gehabt hat, wenn man außerdem bedenkt, wie groß »damals« sicherlich die Abhängigkeit von klimatischen Bedingungen beziehungsweise von der geografischen Lage des Lebensraumes gewesen ist.

In der Zwischenzeit sind ein paar Jahrtausende vergangen, mir nichts, dir nichts befinden wir uns im 21. Jahrhundert. Die Jäger- und Sammlermentalität tragen wir noch in uns, gegebenenfalls weniger auf die Nahrungssuche sowie –beschaffung bezogen, sondern vielmehr in Hinblick auf zum Beispiel Geld, Anerkennung oder unnütze Dinge, die sich hinter geschlossenen Schranktüren stapeln. Somit könnte ich dieser urzeitlichen, steinzeitlichen oder was auch immer zeitlichen Kausalität trotzen und mittels meines freien Willens abwägen und letztlich entscheiden, welche Art der Ernährung für mich persönlich aus moralischen sowie ethischen Gründen in Frage kommt. Ich könnte also entscheiden (so wie Sie auch), dass für mein leibliches Wohl kein Tier leiden oder sterben muss. Und da dies so ist, überführe ich den Konjunktiv in den Indikativ, also das Mögliche in die Wirklichkeit, und oute mich als Mensch, der sich pflanzenbasiert ernährt (Veganismus). Es ist in der Tat ein Outing, was einem im Alltag, für mein Empfinden, ähnlich viel Mut abverlangt, wie das, homosexuell zu sein. In beiden Fällen besteht die berechtigte Angst, dass man abgestempelt, angefeindet oder aggressiv angegangen wird, dass man mit Ablehnung sowie Ausgrenzung »bestraft« wird, weil man in den Augen des Gegenübers nicht »normal« ist oder isst.

Eine vegane Ernährungsweise ist jedoch durchaus »normal« und in vielen Punkten, wissenschaftlich fundiert, auch als gesund einzustufen. Sich vegan zu ernähren, bedeutet zum Beispiel nicht automatisch, einen Vitamin-B 12-Mangel zu haben. Jede Ernährungsform kann sich, wenn sie einseitig und damit nicht ausgewogen ist, nachteilig auf den menschlichen Organismus auswirken. Sich Gedanken darüber zu machen, ob und wie der eigene Nährstoffbedarf bestmöglich gedeckt werden kann, ist sowohl für die vegane (= rein pflanzliche) Variante als auch für die omnivore (= pflanzliche und tierische Mischkost) von Vorteil. Meiner Ansicht nach sollten wir uns grundsätzlich nicht scheuen, in regelmäßigen Abständen mit dem Arzt oder der Ärztin unseres Vertrauens zu besprechen sowie auf der Grundlage von entsprechenden

Tests auszuwerten, bei welchem Spurenelement, Vitamin oder Mineralstoff ein künstlicher Booster sinnvoll ist. Nicht selten kann bei einem veganen Ernährungsstil auf Nahrungsergänzungsmittel verzichtet werden, je nach Facettenreichtum im täglichen pflanzenbasierten Speiseplan sowie abhängig von der individuellen körperlichen Grunddisposition.

Für mich ist Salat, wenn ich ehrlich sein darf, noch nie so mein Ding gewesen, auch nicht zum Vorgaukeln eines pseudo-gesunden Essverhaltens beim 1. Date. Zu groß geschnittene Eisberg- oder Feldsalat-Stücke, die sich nur ungalant von der rechten in die linke Wangentasche schieben lassen, sind hinsichtlich einer attraktiven Erscheinung eher kontraproduktiv. Außerdem bleibt fast immer ein peinliches Stück Grün in der Zahnfront hängen, entweder vom Salat selbst oder vom Dressing. Ein schüchternes Anlächeln wird damit zur doppelten Herausforderung. Der Gang in den Supermarkt offeriert glücklicherweise weit mehr als nur Salatblätter. Und ja, ich esse gern herzhaft gefüllte Wraps, ich mag Burger, Döner, Schnitzel, Bratwürste und Nuggets, wähle hierfür jedoch aus ethischen Gründen die entsprechenden fleischlosen Alternativen. Für mich persönlich ist die Bezeichnung für solche Ersatzprodukte absolut nebensächlich. Ob vegane Wurst ebenfalls Wurst heißen kann und darf, tangiert mich eher peripher mit sekundärer Relevanz. Für alle, die sich, so wie ich, nicht so gern die Kochschürze überwerfen und nicht selbst den Kochlöffel schwingen möchten, bieten die immer zahlreicher werdenden veganorientierten Restaurants Gelegenheit zum Ausprobieren, Staunen und Wiederkommen.

Ich gebe zu, es hat eine gewisse Zeit gedauert, bis ich hundertprozent-Veganerin »geworden« bin, denn es ist ein Prozess, eine individuelle Entwicklungsreise, ein Sich-Beschäftigen mit seinen persönlichen Wertvorstellungen sowie den Rahmenbedingungen der Lebensmittelindustrie und insbesondere der Massentierhaltung. Tiere wie Rinder, Schweine, Hühner, Enten und andere verfügen so wie wir Menschen über ein Bewusstsein, eine subjektive Wahrnehmung der Wirklichkeit. Sie sind intelligente, sozial agierende Wesen, stehen unter- und miteinander in Verbindung. Sie empfinden Schmerzen und haben einen Überlebenswillen.

KÄLBCHEN NUMMER ›25.908‹

Kuhmilch entsteht, nachdem eine Kuh ein Kälbchen geboren hat. Damit die Kuhmuttermilch dem Menschen zugutekommt und nicht dem Kälbchen, werden Kuh und Kalb schon kurze Zeit nach der Geburt getrennt, für immer. Bei uns Menschen würden wir an dieser Stelle von einem traumatischen Ereignis sprechen, einem No-Go. In Bezug auf eine Kuh und ihr Kalb geht das Leben aber einfach weiter, für das Muttertier täglich an der Melkmaschine, für ihren Nachwuchs später entweder ebenfalls als Milchlieferant, wenn es ein weibliches Kalb ist, oder es endet nach nur wenigen Wochen im Schlachthaus, wenn es männlich ist. Der Watson-Artikel »Nur 115 Tage leben« und die darin beschriebene Geschichte über Kälbchen Nummer ›25.908‹, welches auf einem Bioland-Milchviehbetrieb geboren worden ist, haben mich so tief getroffen, dass ich letztlich dankbar dafür bin, auf diese Story gestoßen und damit wachgerüttelt worden zu sein, weil es für mich persönlich dazu beigetragen hat, dass meine Ernährungsdevise nur lauten kann: ausschließlich vegan, jetzt und sofort! [15] Die Bilder und Worte des Artikels, welches den (Un-)Sinn und den Verlauf des kurzen Lebens dieses Kälbchens aufzeigen, ließen mich betroffen, beschämt und traurig zurück. Es ist darin von einem Kälbchen mit großen braunen Augen, dichten Wimpern und hellbraunem Fell die Rede, einem Kälbchen wie aus dem Bilderbuch, noch dazu verschmust, hüpfend, springend, verspielt, ein Kälbchen, welches sich genüsslich hinter den Ohren kraulen lässt. Nach nur 115 Tagen, also nach nicht einmal vier Monaten und mit einem Gewicht von 241,5 Kilogramm, endet das Leben dieses zauberhaften Wesens auf dem Schlachthof durch Bolzenschuss und Aufschlitzen der Kehle. Ich kann Sie nur inständig bitten, diesen Artikel ebenfalls zu lesen und ihn auf sich wirken zu lassen. Es geht mir dabei nicht um ein Anklagen der Landwirte oder eine Schuldzuweisung an diese, ganz gleich, welche Hof- oder Betriebsgröße vorliegt, ganz gleich, ob konventionelle oder ökologische Tierhaltung betrieben wird. Es ist das Hinterfragen des Systems an sich. Gegebenenfalls kann der Artikel für Sie ebenfalls ein Schlüssel zu neuen Vorsätzen sein, ganz unabhängig vom Neujahrstag.

Gestatten Sie mir die Frage: Haben wir unsere Gehirne und Herzen durch die Begrifflichkeit »Nutz«-Tier unempfänglich werden lassen gegenüber der Tatsache, dass wir für das gesichts- und formlose Stück Fleisch auf unserem Teller (indirekt oder direkt) töten? Wir verdrängen dies bewusst und wollen uns selbst damit vergessen lassen, dass sich hinter der Scheibe Salami oder dem Hack halb und halb als jeweilige Endprodukte jedoch mindestens ein fühlendes Lebewesen verbirgt, welches für uns getötet worden ist und zu Dumpingpreisen in der Kühltruhe des Supermarktes landet. Stattdessen kreieren wir

Scheinargumente, um uns zu überzeugen beziehungsweise zu entlasten. Schlussendlich ist die ungeschönte Realität die folgende:

Tier-Fleisch essen = Tier getötet.

Bio-Tier-Fleisch essen = Tier getötet.

Weniger Tier-Fleisch essen = Tier getötet.

Ganz bewusst Tier-Fleisch essen = Tier getötet.

Nur ganz selten Tier-Fleisch essen = Tier getötet.

Tier-Fleisch mit Tierwohl-Label essen = Tier getötet.

Vom Bauern nebenan = Tier getötet.

Vom Metzger des Vertrauens = Tier getötet.

Auf der Weide geschossen = Tier getötet.

Ja, ich habe nicht darüber nachgedacht, was es wirklich bedeutet, zum Beispiel eine Brotscheibe mit Kalbsleberwurst zu essen. Ich habe mir nicht bewusst gemacht, was es für das Kälbchen bedeutet, unter welchen Bedingungen und zu welchem Zweck dieses Kälbchen gezeugt worden ist, nur um eine Ware für den Menschen zu sein, nur um spätestens nach circa drei bis vier Monaten geschlachtet und damit getötet zu werden. Bei einem Familienurlaub auf dem Bauernhof werden tagsüber die niedlichen Kälber, Lämmer, Ferkel bestaunt und gestreichelt und später beim Abendbrot wird ausgeblendet, dass mit Kalbsschnitzel, Kalbsbäckchen oder Lammkarree genau diese knuffig-süßen Lebewesen auf dem Teller landen. Das Spanferkel, *DER* Klassiker beim Buffet im Rahmen von größeren Familienfesten, ist ein vier bis sechs Wochen altes oder vielmehr junges und jetzt totes Jungschwein. Vier bis sechs Wochen... Wir als Menschen entscheiden, dass dieses Lebewesen nach diesem Wimpernschlag an »vergönnter« Lebenszeit nicht mehr wert ist, als entweder aufgespießt oder auf einer Servierplatte drapiert, mit einem rotbäckigen Apfel im Maul, uns für zwei, drei Stunden den Magen zu füllen.

Der Wechsel zur vegetarischen Ernährung ist meiner Meinung nach leicht zu vollziehen, wenn man diesen als Zwischenstufe benötigt. Mit dem Motto »Kein Tier soll für meinen gefüllten Magen sterben!« kann man sich schnell anfreunden. Produkte, die so aussehen wie die bisher verspeiste Fleisch-Variante, erleichtern den Übergang und unterstützen, dass sich der Kopf, die Augen sowie Geschmacksnerven auf das Experiment einlassen. Hand aufs Herz beziehungsweise die Zunge an den Gaumen – am Ende sind es doch sowieso nur bestimmte Gewürze und Aromen, die dazu führen, dass der Döner »wie Döner« schmeckt, nicht wahr? Wir mögen die Marinade, die Panade, das Frittiert-Sein. Fleisch ist meiner Ansicht nach lediglich ein Geschmacksträger, und diese Basis kann sehr wohl ersetzt werden. Mittlerweile hat sich bezüglich Konsistenz ohnehin viel getan, so dass pflanzlicher Fleischersatz dem Original in nichts nachsteht, finde ich. Der Wille zur Veränderung, die Bereitschaft, sich auf neue Geschmackserlebnisse einzulassen, den geschmacklichen Horizont zu erweitern und nicht gleich bei der ersten Negativerfahrung in alte Muster zurückzufallen, sind dabei unabdingbar. Die papierhafte oder digitale Rezepte-Welt unterstützt darüber hinaus mit unzähligen Ideen. Ist Veganismus nicht einfach der nächstlogische und vielleicht auch längst überfällige Evolutionsschritt? Essen wir, wie wir essen, rein aus Gewohnheit? Entspringt unser Essverhalten einer unbewussten Überzeugungshaltung, die wir nicht bewusst gewählt haben, sondern in die wir hineingeboren worden sind, die wir von den Bezugspersonen in unserem Umfeld vorgelebt bekommen haben, und diese wiederum von ihren Bezugspersonen? Benötigt es für ein Essen, das »wie bei Muttern schmeckt«, wirklich einen Hackbraten aus Rind- und/oder Schweinefleisch? Oder wäre mit einer Bratenfüllung auf pflanzlicher Basis und mit einer Soße ohne tierische Bestandteile, beides jeweils gut und richtig gewürzt, ebenfalls diese vertraute, kulinarische Umarmung möglich?

Es ist absolut eine Umstellung, jedoch auch ein mutiger Schritt der Veränderung, auf zum Beispiel Käse, Ei- und (Kuh-)Milchprodukte zu verzichten, wenn diese bisher regelmäßig auf dem persönlichen Speiseplan gestanden haben, aber es ist keineswegs eine »Mission impossible«! Die Anfänge von zum Beispiel Soja- und Reisdrinks als Kuhmilch-Ersatzprodukte sind geschmacklich eine ernsthafte Herausforderung gewesen, da gibt es nichts zu beschönigen. Doch in den letzten fünf bis zehn Jahren hat sich so viel getan und verbessert. Haferdrinks als weitere aufstrebende Alternative, ob für das Müsli oder als Basis für den Latte Macchiato, den Haferdrink Macchiato sozusagen, sind definitiv genießbar. Die an sich naturgegebene Laktoseintoleranz, sprich, dass der Mensch mit dem in der Kuhmilch enthaltenen Milchzucker ein grundlegendes genetisches Verträglichkeitsproblem hat, wenn er dem Babyalter besser gesagt der Stillzeit entwachsen ist, könnte ein zusätzlicher Anreiz sein, die weiße Flüssigkeit auszutauschen. Immerhin sind in Deutschland etwa 15 bis 20 Prozent der Menschen von dieser Unverträglichkeit betroffen. [16] Zum Stichwort Ei möchte ich anmerken: Es findet sich sowohl in den Regalen von Discountern als auch in auf vegane Ernährung spezialisierten Läden eine Vielzahl an Ei-Ersatz-Produkten, die dem Backvergnügen absolut zuträglich sind. Ein gut gemachter veganer »Eier«-Salat ist dem Original ebenbürtig, behaupte ich. Ich möchte eine Schleichwerbung an dieser Stelle definitiv vermeiden, lassen Sie mich nur so viel sagen – ein Geschmackstest in der Fußgängerzone mit einem Ei-freien »Eier«-Salat, bei dem die deutsche Fußballnationalspielerin Alexandra *Popp* mitwirkt, würde meine Behauptung sicherlich untermauern.

Wenn man kritisch auf diese Ersatzprodukte schauen will, dann im Sinne der Verdrängungskultur. Was meine ich damit? Soja, Dinkel, Hafer, Weizen, Erbsen – in welchen Dimensionen werden sie angebaut, um den steigenden Bedarf für vegetarisch/vegane Produkte zu decken? Was hat ursprünglich auf diesen Ackerflächen seinen Nährboden gefunden und wird nun verdrängt? Ist es überhaupt schon landwirtschaftlicher Nutzraum gewesen oder stirbt hierfür jetzt ein Stück Regenwald? Ob Bio oder nicht, wo sind die Anbaugebiete und wie lang sind dementsprechend die Lieferketten? Ist das für mich als Verbraucher:in direkt erkennbar in der Beschreibung auf der Verpackung oder zumindest leicht recherchierbar? Steigt die Nachfrage nach den oben erwähnten Getreidearten und Hülsenfrüchten für die Erzeugung von pflanzlichen Lebensmitteln tatsächlich so immens? Oder wird der Großteil an diesen Pflanzenarten, insbesondere Soja betreffend, nach wie vor für die Herstellung von Futtermitteln für die Massentierhaltung benötigt? Fragen über Fragen...

Ebenfalls eine Frage ist die folgende: Haben Pflanzen Gefühle? Ich erinnere mich, früher als Kind Gänseblümchen gepflückt zu haben, um daraus Kränze zu basteln. Später habe ich, und da war und bin ich sicher nicht die einzige, Blütenblätter dazu missbraucht, um herauszufinden, ob der heimliche Schwarm mich auch liebt. Die Beschimpfung

»Rasen-Latscher« ist mir als Kind auch zu Ohren gekommen. Gut, damals habe ich es einfach nicht besser gewusst. Heute, im Erwachsenenalter, schiebe ich leidenschaftlich gern den Rasenmäher vor mir her, um die Rasenwuchshöhe im Vorgarten im Zaum zu halten. Wie viel Leid beziehungsweise Schmerz verursache ich mit dem ganzen Gepflücke, Ausgezupfe und Niedertrimmen? Oder ist das alles halb so wild, da Pflanzen keine Nervenzellen und kein Gehirn besitzen? Kann also der Linsenpatty für den veganen Burger sorglos plattgedrückt gekauft und später auch sorglos in der Pfanne schön kross angebraten werden? Sollte ich mir mehr Gedanken darüber machen, welch großartiges und spannendes Mini-Ökosystem sich in einem Quadratmeter Vorgarten-Rasen befindet, wenn dieser kein steriler Rollrasen ist, und ich ihm zudem erlaube, eine Wuchshöhe von mindestens 20 Zentimetern zu erreichen?

Zurück von diesem etwas abschweifenden Gedankenspiel zum Thema pflanzliche Ernährung – vegan zu essen ist kein automatischer Freifahrtschein für eine gesunde, ausgewogene Ernährung. Einfach blind zu vegan-etikettierten Produkten zu greifen, ohne auf die Zutatenliste, die Zusatzstoffe (wie zum Beispiel Geschmacksverstärker, Verdickungsmittel, Konservierungsstoffe) und die Nährwerte sowie deren Zusammensetzung/Verhältnis zu schauen, ist kontraproduktiv. Es empfiehlt sich ganz klar auch hier ein kritischer Blick. Scheuen Sie sich nicht, unbekannten Zutaten oder Bezeichnungen auf den Grund zu gehen, das World Wide Web liefert zu fast allem eine Antwort. Mittels Recherche lassen sich so zum Beispiel auch für sogenannte Superfoods (besonders gesunde, nährstoffreiche Nahrungsmittel) heimische und damit regionale Alternativen finden: Leinsamen anstatt

Chiasamen, schwarze Johannisbeeren anstatt Goji-Beeren, rote Beete anstatt Açai-Beeren, Hirse anstatt Quinoa.

Ist es nicht generell ein lohnender Ansatz, dem, was ich mir täglich zwischen oberer und unterer Kauleiste einführe, mehr Beachtung zu schenken? Auf qualitativ hochwertigere Produkte zu setzen, sofern es das Haushaltsbudget hergibt, gegebenenfalls das persönliche Ausgabengefüge zu überdenken? Muss es ernsthaft eine weitere Bluse in einem weiteren Blau-Ton sein? Denken Sie an all die vielen unnützen Dinge und Sachen, die Sie sich angeschafft und am Ende mittels eines Schrottwichtel-Nachmittages in der Adventszeit einem anderen Besitzer zugeführt haben, weil sie keine Verwendung dafür haben, und auch nie hatten. Könnten, basierend auf der Ersparnis aus zum Beispiel weniger ausgabefreudigen Shoppingtouren, stattdessen ab und an höherpreisige Bio-Produkte im Einkaufswagen landen?

ALLES BIO, ODER WAS?

An Bio-Lebensmitteln haftet der Ruf, gesünder zu sein als konventionell hergestellte Lebensmittel, wenn man auf die Pestizid-Belastung blickt. Natürlich ist es nicht gesünder, tafelweise Bio-Schokolade zu futtern oder literweise Bio-Wein in sich hineinzukippen, der Bauchspeicheldrüse beziehungsweise Leber nützt da auch kein Bio-Siegel etwas. In Bezug auf Pflanzenschutzmittel, also chemisch-synthetische Pflanzengifte, die in der konventionellen Landwirtschaft eingesetzt werden, ist jedoch mittlerweile unbestritten, dass diese zwar die Nutzpflanze vor Schädlingen schützen, jedoch dem menschlichen Organismus sowie der Umwelt allgemein schaden. Wenngleich auch die ökologische Landwirtschaft, der Bio-Bauer meines Vertrauens, nicht gänzlich auf Pflanzenschutzmittel verzichtet, sind diese zumindest pflanzlichen, mikrobiellen oder mineralischen Ursprungs. Hierzu zählen zum Beispiel Kupfer, Schwefel oder Pflanzenöle. Das bedeutet nicht, dass sie völlig unbedenklich sind. Sie sind jedoch nicht das alleinige Allheilmittel, um den Setzling zur erntereifen Pflanze heranzuziehen. Die ökologische Landwirtschaft nutzt unter anderem alternative Anbaumethoden, um Krankheiten sowie Schädlingsbefall vorzubeugen – das Prinzip Vorsorge statt Nachsorge. Ist der Bio-Hafer in der Feinblatt-Haferflocken-Tüte aber so unbelastet, wie ich es mir vorstelle und wünsche?

Theoretisch vorstellbar ist, dass ein konventionell bewirtschaftetes Flurstück an ein ökologisch bewirtschaftetes grenzt. Somit ist ebenfalls theoretisch vorstellbar, dass bei ungünstigen Windverhältnissen die Glyphosat-Keule vom Nachbaracker auf den Bioacker niederrieselt. Ist das alles nur Theorie und damit unwahrscheinlich? Sollte ich an diesem Punkt als Verbraucher:in ein gewisses Urvertrauen haben?

Falls es an diesem mangelt, wäre die Bio-Kiste aus der Region eine Lösung: Lebensmittel direkt vom Hof, entweder zur Selbstabholung (bei dieser Gelegenheit kann man sich den Hof, die Art und Weise der Bewirtschaftung gleich zeigen lassen, was ein Betreiber, der nichts zu verbergen hat, sicherlich gern unterstützt) oder per Lieferung frei Haus. In dem Zusammenhang kommen das Regional- und das Saisonal-Ansinnen wieder mit ins Spiel. Das Contra-Argument, Bio ist (zu) teuer, ist berechtigt. Aber vielleicht ist es sogar nützlich, da es einen Hebel darstellen kann, der zu einem bewussteren, maßvolleren Einkaufsverhalten führt und damit Lebensmittelverschwendung reduziert. Ich kaufe nur das ein, was ich auch tatsächlich zeitnah verbrauchen kann.

In Bezug auf die Mäßigung kann ein höherer Preis dazu führen, dass zum Beispiel der überquellende Süßigkeiten-Vorrat, dessen Erweiterung sich im Rollcontainer-Schubfach im Büro befindet, zurückgefahren wird und es sich auf einen überschaubaren Vorrat an sogenannter Nervennahrung für den Ernst- und Notfall einpegelt. Dies ist vorteilhaft für die Körpersilhouette und vorbeugend in Hinblick auf Diabetes mellitus Typ 2. Sind der ständige, übermäßige Japp auf Süßigkeiten und Chips oder das tägliche Glas Wein noch den Grundbedürfnissen – Hunger und Durst – zuzuordnen? Oder stopfe ich sie mir aus Frust, Langeweile, Einsamkeit hinein beziehungsweise spüle damit Wut und Schmerz hinunter? Achtsamkeit und Bewusstheit bei der Nahrungsaufnahme sollten mit am Tisch sitzen. Stress oder Eile, und insbesondere eine parallellaufende Flimmerkiste oder das zombiehafte Handy-Gestarre, dürfen stattdessen gern ausgeladen werden. Es ist gesund, dem Körper Essenspausen zu gönnen, drei, vier Stunden, am besten mindestens fünf, damit Magen und (Dünn-)Darm auch mal ordentlich durchgeputzt werden können. Denn genau das setzt ein, wenn wir nicht ständig zwischendurch naschen – der »wandernde motorische Komplex«, neudeutsch Housekeeping genannt. Dies wird überaus anschaulich und humorvoll erklärt im Buch *Darme mit Charme* von Giulia Enders.

Meine Ausführungen im vorangegangenen Absatz sollen keinesfalls zu einem Bevormundungsratgeber ausarten oder in eine Belehrungsfibel münden, dafür bräuchte es noch ein paar Absätze. Ich möchte Ihnen nur die Kühlschranktür öffnen, ob Sie »hindurchgehen«, liegt an Ihnen. Zugegeben, eine etwas hinkende Metapher. Aber ist es nicht so – am Ende unseres Lebens können wir nichts Materielles mitnehmen, weder die Playstation, noch einen OLED-4K-65-Zoll-Fernseher, noch das neueste Smartphone oder die 500 Paar Schuhe. All das benötigen wir sowieso nicht, wenn wir als Ameise wiedergeboren werden. Es lohnt sich schon allein aus dieser Perspektive betrachtet, darüber nachzudenken, ob es nicht sinnhafter und gesundheitlich vorteilhafter ist, lieber mehr Geld in qualitativ hochwertiges Essen zu investieren und dem Körper, unserem einzig wirklich dauerhaften Zuhause, etwas Gutes zu tun: Mahlzeiten möglichst frisch zuzubereiten, Industrie-Zucker und Salz in Maßen zu verwenden, von anderen Genussmitteln ganz zu schweigen, offen zu bleiben für Alternativen, Neues zu wagen. Wir sollten die Stellschrauben nutzen, auf die wir Einfluss haben. Es gibt genügend, die wir nicht beeinflussen können, so dass am Ende ungewünschte »Zutaten« über die Nahrungskette in unseren Mägen landen wie etwa Rückstände von Mikroplastik, Schwermetallen, Antibiotika, Mineralölen. Testberichte und Studien können helfen, sich zu orientieren, bergen jedoch auch die Gefahr, dass man völlig in den Wahnsinn abdriftet und das Gefühl bekommt, gar nichts mehr essen oder trinken zu können, ohne dem Körper zu schaden. Hier darf sicher jeder sein persönliches Maß an Informationsbedarf finden, um seine Ernährungsdevise ableiten zu können. Essen soll und kann glücklich machen, der Geiz-ist-geil-Ansatz ist in dem Zusammenhang der falsche, nach meinem Empfinden. Bon appétit!

ES IST ETWAS FAUL IM STAATE DÄNEMARK

15 Millionen Euro wären ein schönes Sümmchen als Lottogewinn. Über eine 15 mit sechs Nullen sprechen wir hier. Wie würde diese Zahl nach der Überweisung durch die Lottogesellschaft wohl auf dem Kontoauszug aussehen? Vorstellbar aber gleichzeitig auch nicht vorstellbar beziehungsweise fassbar, oder? Diese Zahl in Nerzen ausgedrückt, ja, Sie haben richtig gelesen, in Nerzen (eine Raubtierart aus der Familie der Marder), ist eine ebenso unvorstellbare Zahl, denn sie entspricht der Anzahl an Nerzen, die im November 2020 in Dänemark mittels Vergasung getötet worden sind. [17] Eine sogenannte Keulungs-Aktion, um die Ausbreitung des Corona-Virus, von Virus-Mutationen sowie deren Übertragung auf den Menschen zu verhindern.

Es ist eine Nachricht gewesen, die in den Medien Anfang November 2020 auftauchte, fast eher als Randnotiz. Ich bin mir gar nicht mehr sicher, von welchem Teil dieser Randnotiz ich mehr überrascht gewesen bin – von der Tatsache, dass mit einem Schlag 15 Millionen Lebewesen getötet worden sind, oder davon, dass eine solch unvorstellbare Anzahl an Tieren auf Zuchtfarmen gehalten worden ist, in 90cm X 30cm kleinen Käfigen, oder davon, dass es im nördlich gelegenen Nachbarland eine Pelzindustrie gab, oder davon, dass im 21. Jahrhundert immer noch Pelz getragen wird? Jeder Teilaspekt erzeugt Kopfschütteln, lässt mich innerlich erschaudern. Bei all dieser Tragik klingt es fast wie Hohn, dass die schlichtweg nur zur Pelzproduktion gezüchteten und unter widrigen Bedingungen gehaltenen Lebewesen teilweise den 2-fachen Tod sterben mussten. »Es ist etwas faul im Staate Dänemark.« (Shakespeare, W., Hamlet, 1603) beziehungsweise ist es das gewesen, denn Fäulnisgase hatten dazu geführt, dass die Kadaver in den dafür angelegten Massengräbern an die Oberfläche gedrückt worden sind. Dies hatte eine extreme Geruchsbelästigung zur Folge, durch die sich Anwohner in ihrer Lebensqualität beeinträchtigt fühlten. Außerdem befürchtete die dänische Umweltbehörde die Verunreinigung des Grundwassers allgemein sowie von Wasserschutzgebieten im Besonderen, da sich die Gräber teilweise in der Nähe von eben diesen befanden. Demzufolge wurden circa 13.000 Tonnen an Tierkadavern exhumiert und mittels Verbrennung der finalen »Entsorgung« zugeführt.

Das Coronavirus trug implizit die Chance in sich, diesem generellen Tierleid zumindest in Dänemark ein Ende zu setzen, da ein bis zunächst Ende 2022 geltendes Nerzzucht-Verbot erlassen und damit diesem Industriezweig der Existenzboden entzogen worden ist. Bedauerlicherweise ist dieses Verbot nicht über das Jahr 2022 hinaus verlängert oder in ein dauerhaftes Verbot gewandelt worden, so dass es Bestrebungen gibt, die Nerzzucht in Dänemark wiederaufleben zu lassen. Aber ich möchte dieses Land gar nicht allein an den Pranger stellen. Es befindet sich in »guter« europaweiter Gesellschaft – Polen, Norwegen, Frankreich, Griechenland, Bulgarien, Spanien, Litauen, um nur einige zu nennen.

In diesen und weiteren Ländern werden jedoch nicht nur Nerze gezüchtet und damit geboren mit dem einzigen Zweck, ihnen nach einer qualvollen und überaus kurzen Lebenszeit als Jungtiere sprichwörtlich das Fell über die Ohren zu ziehen. Dieses traurige Schicksal trifft unter anderem auch Füchse, Iltisse, Sumpfbiber, Marderhunde, Kaninchen und Chinchillas. Es ist in keinerlei Hinsicht vertretbar, so mein ethischer

Standpunkt, dass diese fühlenden Lebewesen in winzige Drahtgitter-käfige gesperrt werden, in denen sie, wenn man in dem Zusammen-hang überhaupt von Bewegung sprechen kann, nur auf Gitterstäben hin- und herbalancieren können. In ihrem natürlichen Lebensraum hin-gegen durchstreifen zum Beispiel Nerze, meist als Einzelgänger, 100 bis 400 Hektar große Reviere und verbringen 60 bis 70 Prozent ihrer Lebenszeit im Wasser. Um einen möglichst hohen Pelzertrag zu haben, werden die Tiere gemästet, so dass beispielhaft ein Polarfuchs, der in freier Wildbahn ein Körpergewicht von drei bis vier Kilogramm auf-weist, in der Zucht auf bis zu zwanzig Kilogramm »gesteigert« wird. Während die Tiere in den Gitterboxen vor sich hinvegetieren, sich dabei teilweise selbst verstümmeln, atmen sie die ganze Zeit über den Geruch ihrer eigenen Fäkalien ein, was infolge der Ammoniak-belastung zu Atemwegs- und Schleimhautreizungen sowie äußerlich zu Schädigungen an den Augen führt. Nach diesem, aus Sicht des Tieres, schmerzhaften und gleichermaßen sinnentleerten Leben, findet die Qual in den angewendeten Tötungsmethoden ihren traurigen Hö-hepunkt. Ich erspare Ihnen hier an dieser Stelle die Details. [18]

TRADITION UND AUSBEUTUNG

Unter dem Deckmantel der Tradition werden die Delfin- und Grindwal-Tötungen in Japan und auf den Färöer-Inseln (eine autonome, zur Dänischen Krone gehörende Inselgruppe im Europäischen Nord-meer) legitimiert. [19] Kann es dafür eine Entschuldigung, eine Recht-fertigung geben? Im September 2021 sind auf den Färöer-Inseln an einem einzigen Tag mehr als 1400 Delfine in einer Bucht zusammengetrieben und getötet worden. Das Meer war blutgetränkt und erfüllt vom aussichtslosen Überlebenskampf der Meeressäuger. Die Tötung ist angeblich, wie jedes Jahr bei solch einem Massaker, schnell erfolgt, da mittels einer Art Lanzen-Messer das Rückenmark sowie die Halsschlagader durchtrennt werden. Wie treffsicher kann man sein, frage ich mich, wenn ein Delfin im für ihn lebensbedrohlichen Flachwasser panisch um sein Leben zappelt? Infolge der zunehmenden (menschengemachten) Verschmutzung der Meere stellt sich außerdem die Frage, inwieweit der Verzehr von Meerestieren der Gesundheit überhaupt noch zuträglich ist? Schwermetalle, Mikroplastik, wohl bekomm's!

Hinterfragungswürdig ist ebenfalls, ob zum Beispiel der Verzehr von Haifischflossen oder die Einnahme von Präparaten mit Tigerknochen, zerstoßenem Seepferdchen oder dem Horn von Nashörnern tatsächlich eine wissenschaftlich nachgewiesene heilende und/ oder potenzsteigernde Wirkung haben. Diese »Zutaten« kosten ein Vermögen, werden oftmals durch Wilderei beschafft sowie auf dem Schwarzmarkt gehandelt und dezimieren vom Aussterben bedrohte Tierarten – alles Punkte, die ihnen den Image-Stempel Statussymbol beziehungsweise Luxusobjekt aufdrücken, so dass der Artenschutz dabei keine Rolle mehr spielt. Welch ein Gelächter beim alljährlichen *Dinner for One*-Silvesterprogramm, wenn Butler James das x-te Mal über den Tigerkopf stolpert. Sollte man gegebenenfalls dem eigenen Zwerchfell den Denkanstoß mitgeben, aus welcher Quelle das präparierte Tigerfell wohl entstammte, auf welche Art und Weise es hergestellt werden konnte? Die Raubkatze ist sicherlich, wie so viele ihrer

Artgenossen davor und danach, nicht aufgrund von Altersschwäche dahingeschieden.

Ist es artgerecht, wenn beispielhaft Kühe künstlich mit Stahlrohren befruchtet werden, um »dauerschwanger« zu sein, damit sie ständig Milch »produzieren«, nicht für ihren Nachwuchs, sondern für uns als Menschen? Ist es artgerecht, zum Beispiel Schweine in mehrstöckigen Stallanlagen zu halten, um darin Ferkel zu züchten, wobei die dort eingepferchten Muttertiere nie das Sonnenlicht sehen werden? In China ist dies ein gängiges Modell, das neueste Prestigeobjekt zählt 26 Etagen! Auch in Deutschland hat es solch ein »Schweinehochhaus« gegeben, bei Maasdorf in Sachsen-Anhalt, 6 Stockwerke, bis 2018 in Betrieb. Ist es artgerecht, dass Hühner, Rinder, Schweine in der Massentierhaltung nur einen Bruchteil ihrer natürlichen Lebenserwartung »erleben«? Vor allem Masttiere, also Tiere, die zur Fleischgewinnung dienen, sind davon betroffen. Rinder haben beispielsweise eine natürliche Lebenserwartung von bis zu 25 Jahren. Ein Mastbulle wird jedoch im Durchschnitt bereits nach 20 Monaten geschlachtet. Schweine zählen zu den klügsten Säugetieren, sie besitzen einen ausgeprägten Spiel- und Erkundungstrieb und entwickeln komplexe soziale Strukturen, in denen sie, wenn man sie ließe, bis zu 10 Jahre alt werden können. Ein Mastschwein allerdings wird in der Regel nach 7 Monaten geschlachtet. Ähnlich ergeht es den Masthühnern, die mit 5 bis 7 Wochen schlachtreif und damit getötet werden. Dem steht ihre natürliche Lebenserwartung von bis zu 5 Jahren gegenüber, ein traurig stimmendes Missverhältnis wie ich finde. [20] Wir brüsten uns so oft mit der Eigenschaft »tierlieb«, weil wir mit einer Hauskatze oder einem Hund Sofa und Bett teilen.

Bedeutet Tierliebe aber nicht viel mehr? Hieße es nicht, das Leben des Tieres in Gänze wertzuschätzen, es so hoch anzusetzen wie ein Menschenleben? Gilt das dann nur für ein domestiziertes Tier mit Kuschelfaktor? Oder nur für Säugetiere? Was ist mit Fischen, Vögeln, Insekten, Reptilien?

Es ist sicherlich nicht nur mein persönlicher Eindruck, sondern die Realität, dass wir als Menschen, als Gemeinschaft, als Gesellschaft, über Lebenszeit und Lebenssinn dieser Geschöpfe bestimmen rein für unsere eigene Bedürfnisbefriedigung. Was für die Weiterverarbeitung nutzlos im Sinne von unwirtschaftlich ist, wird vergast, geschreddert oder anderweitig entsorgt. Wir, als Verbraucher:innen, blenden im Alltag allzu gern das »Unschöne« an Massentierhaltung und Massentötung aus, ob für die Ernährung oder Bekleidung oder Ähnliches. Oder wie ist Ihre Sichtweise darauf? Wir sitzen zum Glück nicht mehr in der Steinzeit-Höhle, und unsere Köpfe sind rund, damit das Denken die Richtung ändern kann. Wenn das geschriebene oder gelesene Wort nicht ausreicht, um ein Darüber-Nachdenken und im besten Fall ein Umdenken in Gang zu setzen, was Tierleid in diesem Zusammenhang wirklich bedeutet, dann vermögen das eventuell Bilder, bewegte Bilder. Öffnen Sie Ihre Augen, Ihr Herz, und schauen Sie sich Dokumentarfilme wie »Dominion« (übersetzt: Herrschaft) von Chris Delforce [21], «Slay« (übersetzt: erschlagen) von Rebecca Cappelli [22] oder die neueste Dokumentation «Schwein« von Robert Marc Lehmann zum Thema Massentierhaltung [23] an. Lassen Sie wirken, was Sie sehen, schauen Sie wirklich hin, um der Gewohnheit, der Bequemlichkeit, nicht weiter das Argument zu liefern: »Was ich nicht weiß oder sehe, das existiert auch nicht!«. Wenn Sie es, so wie ich, nicht schaffen, sich diese Filme in einem Stück anzusehen, was absolut verständlich ist, weil der Inhalt, das Gezeigte, einen zu sehr erschüttern und überwältigen, einem sprichwörtlich das Herz zerreißen, dann ist es völlig legitim, es in »verdaubare« Abschnitte aufzuteilen. Dann sind es eben nur 10-Minuten-Sequenzen, oder nur 5 Minuten, oder 2, was auch immer Ihr Herz und Ihre Seele aushalten. Und dennoch, ich finde, wir sollten es uns zumuten, uns solche Reportagen und damit die entsetzliche Wirklichkeit und leider gängige Praxis anzuschauen. Das Wort »zumuten« umschreibt, was dafür nötig ist – sich **zu** öffnen und den **Mut** zu haben, sich damit zu konfrontieren, nicht (weiterhin) zu agieren wie die drei Emoji-Affen – hört nix, sieht nix, sagt nix.

Letzen Endes geht es meiner Ansicht nach um die Ausbeutung des Tieres an sich, ganz gleich, ob tot oder lebendig. Ich glaube nicht, dass unser aller Schöpfer:in das Pony-Reiten, ein Angebot im Zirkus, auf Jahrmärkten oder Volksfesten, als natürliches Betätigungsfeld für die kleinwüchsige Pferderasse vorgesehen hat. Welcher Mehrwert existiert für das Pony, wenn es stupide und über mehrere Stunden hinweg monoton Runden drehen muss? Sind Hundeschlittenrennen wie das jährlich in Alaska stattfindende ›Iditarod‹ tatsächlich ein Vergnügen für die Hunde oder nur eine überholte Machtdemonstration des Menschen, dass er sich gegenüber der Natur behaupten kann? Wenn Delfine und Orcas in Wasserparks in viel zu kleinen Becken Kunststücke zur Belustigung der Zuschauer:innen vorführen müssen, ist das moralisch, ethisch und überhaupt vertretbar? Ist das Aussterben von Tierarten nicht zum Teil auch menschengemacht, weil der Mensch tötet, um zum Beispiel Trophäen-Fotos von der Wild-Jagd in Afrika auf Instagram posten zu können? Weil der Mensch den natürlichen

Lebensraum von Wildtieren immer weiter einschränkt, zurückdrängt, zerstört?

TIERSCHUTZ IM ALLTAG

Auf welche Art und Weise kann ich als Privatperson zum Tierschutz beitragen? Kann wahrhaftiger Tierschutz nur mit einem veganen Lebensstil einhergehen? Hierbei beziehe ich mich nicht nur auf Nahrungsmittel, sondern beispielsweise auch auf Bekleidung und Kosmetika. Warum sollten meine Anziehsachen, Schuhe, meine Gesichtscreme und mein Shampoo vegan sein, werden Sie jetzt vielleicht fragen? Ganz einfach – um auch hier auf die Verwendung von tierischen (Inhalts-) Stoffen zu verzichten, damit wir Tiere nicht weiter ausbeuten. Es könnte so einfach sein, weil es jedem möglich ist, weil jeder von uns die Wahl hat.

Man könnte zukünftig, anstatt Echtlederschuhe oder –gürtel anzuschaffen, nach synthetischen Alternativen suchen, die es definitiv gibt, unter Abwägung von ökologisch-nachhaltigen Herstellungsprozessen. Die wohlig-wärmende Winterjacke darf als Isoliermaterial gern Kunstfasern enthalten, statt wie bisher die von Enten und/oder Gänsen stammenden Daunen. Obwohl es in der EU verboten ist, wird nach wie vor in manchen Ländern, um an die Daunen (weiches, kielloses Untergefieder) zu gelangen, der sogenannte Lebendrupf angewandt, eine grausame Prozedur, bei der den Tieren die Federn bei lebendigem Leib aus der Haut gerissen werden.

Bei der immer größer werdenden Angebotspalette im Drogeriemarkt ist es eine schnell umsetzbare Option, auf vegan-gekennzeichnete Kosmetikprodukte umzusteigen, finde ich. Noch viel wichtiger in dem Zusammenhang ist es, auf die Kennzeichnung »tierversuchsfrei« zu achten. Sie würden dem geliebten Kaninchen Ihres Kindes (also dem lebendig herumhoppelnden) doch auch nicht einfach Chemikalien ins Auge tropfen, streuen oder pusten, um festzustellen, ob diese eine ätzende und damit schmerzhafte Wirkung haben, oder? In für die Kosmetikindustrie tätigen Versuchslaboren passiert aber genau das, damit der Mensch als Endverbraucher das fertige Produkt sicher und unbeschadet verwenden kann.

Tierversuche in Hinblick auf die Erforschung von Medikamenten beziehungsweise medizinischen Behandlungsmethoden stellen eine weit größere Dimension dar und könnten ein eigenes, leid- und schmerzgetränktes Buch füllen. Es betrifft nicht nur Mäuse oder Ratten, die in den Augen vieler gegebenenfalls als minderwertige Lebewesen angesehen werden und »es daher doch nicht so schlimm ist«, wenn ihr Dasein für menschliche Zwecke missbraucht wird. Primaten, Hunde, Katzen, Kaninchen, Pferde, um nur ein paar zu nennen, sie alle leiden (und sterben meistens) in Versuchslaboren für unser Wohlergehen. Dies passiert nicht nur in Deutschland, aber eben auch in Deutschland. Einen Einblick bietet zum Beispiel die im Dezember 2023 veröffentlichte NDR-Dokumentation *Tierversuche an Hunden*. [24] Werden Tiere aus solchen Laboren lebend gerettet, leiden sie dennoch oftmals weiter, und zwar an den Folgen und Nebenwirkungen der Behandlungen, die sie, meist über Jahre, dort erdulden mussten. Die Befreiung aus dem Versuchslabor beendet damit nicht schlagartig das Leid des Tieres, da es noch lange unter den dort erlebten Traumatisierungen leidet.

In »Freiheit« ist es oftmals weiterhin ein täglicher Überlebenskampf für diese Tiere. In ihrer Vergangenheit ist zum Beispiel Futter dazu benutzt worden, die »Testmittel«, sprich die zu testenden Medikamente, dem Tier zu verabreichen. Somit verweigern die ehemaligen Versuchstiere schlichtweg die Nahrungsaufnahme, da mit dieser viel negatives Erleben (im Sinne von Erbrechen, Schmerzen etc.) aus der Vergangenheit verknüpft ist. Ein Video, das zu Herzen geht, zeigt die Schimpansin Vanilla, die, nachdem sie 28 Jahre in einem New Yorker Versuchslabor ausharren musste, das erste Mal den freien Himmel sieht, Gras unter ihren Füßen spürt, vielleicht sogar so etwas wie Lebensfreude. [25]

Kann ich mir die nächste Auffrischungsrunde der sogenannten 4-fach-Impfung (zum Schutz vor Diphtherie, Tetanus, Keuchhusten, Kinderlähmung) ohne schlechtes Gewissen verabreichen lassen, da diese Impfstoffe seit Jahrzehnten existieren, damit grundsätzlich abschließend erforscht und tierversuchsfrei sind? Müsste ich das hinterfragen, recherchieren? Und wie gehe ich mit einem Ergebnis um, das zeigt, dass im Zusammenhang mit diesen Impfstoffen Tierversuche immer noch ein Thema sind? Werde ich zukünftige Impfungen gegen bestimmte Krebsarten nutzen, wenn ich doch weiß, wie es zu diesen medizinischen Errungenschaften kommen konnte? Sind bis dahin Tierversuche hinfällig, da die Erforschung an künstlichen Zellen und Ähnlichem möglich und auch die Praxis ist? Wie kann ich nachvollziehen, welchen Zulassungsweg ein Medikament genommen hat, unter welchen Rahmenbedingungen es getestet worden ist? Wie ertrage oder löse ich den Gewissenskonflikt, dass zur Vermeidung von eigenem (körperlichen) Leiden für mich als Mensch ein möglicher medizinischer Fortschritt jedoch auf Kosten des Leidens von

Tieren basiert? Ist dies dann akzeptabel, in Ordnung beziehungsweise alternativlos?

Sind Tierversuche tatsächlich alternativlos oder einfach nur die gängige Praxis, Gewohnheit, Bequemlichkeit und zudem eine gut laufende Industriemaschinerie? Seien es Mini-Modelle, die aus menschlichen Zellen bestehen, oder sogenannte Multi-Organ-Chips – Forscher:innen suchen nicht erst seit gestern nach einem geeigneten Ersatz für Tierversuche. Dies geschieht mit der Intention, mit diesen künstlichen Organen eine viel höhere Vorhersagbarkeit sowie bessere Übertragbarkeit zu erzielen, als wenn Wirkungsweisen von Arzneimitteln, an Tieren getestet, auf den menschlichen Organismus gespiegelt werden. Verhindern festgefahrene bürokratische Strukturen einen Wandel? Geht es hier, wie so oft, auch nur ums Geld? Oder sind Tierversuche ebenfalls ein trauriger Beleg für die Überheblichkeit des Menschen, für die fehlgeleitete Annahme, dass der Mensch allen anderen Arten überlegen ist und sie damit nach seinem Belieben »gebrauchen« kann (siehe auch Speziesismus)?

Eine Möglichkeit, gegen Tierausbeutung in Aktion zu treten, ist die Unterstützung von ›Anonymous for the Voiceless‹. [26] In vielen deutschen Städten – unter anderem Berlin, Dresden, Leipzig, Hamburg, Köln, Magdeburg, Stuttgart – findet man mittlerweile die sogenannten »Cubes of Truth« (Würfel der Wahrheit), die als Straßenkampagnen regelmäßig Aufklärungsarbeit leisten. Keine Sorge, hierbei wird keine Passantin oder kein Passant »überfallen« und auch niemandem ein Gespräch aufgezwungen. Die gelebte Philosophie bei diesen Cubes ist es, dass eine Gesprächsanbahnung nur erfolgt, wenn die Passanten durch zum Beispiel Stehenbleiben und Anschauen der Videosequenzen eine gewisse Gesprächsbereitschaft signalisieren. Wie symbolhaft und gleichermaßen erschreckend ist es gewesen, als ich in einer Leipziger Fußgängerzone, während solch einer Veranstaltung, den Bildschirm gehalten und die unterschiedlichsten Reaktionen und Aussagen der vorbeilaufenden, manchmal stehenbleibenden Menschen beobachtet sowie gehört habe. »Da schauen wir jetzt nicht hin«, sagte ein Vater zu seinem Kind, welches er während des Einkaufsbummels auf seinen Schultern trug. Wollte er damit tatsächlich nur sein circa 4-jähriges Kind schützen, was ich absolut nachvollziehen und verstehen kann angesichts der erschütternden Alltagsaufnahmen von Standardpraktiken aus der Tierindustrie? Oder richtete sich diese Aussage vorranging an ihn selbst, spiegelte seine Verhaltensweise und den Trugschluss »Was ich nicht sehe, gibt es auch nicht!«?

Wer wahre Tierliebe in sein Leben und sein Zuhause holen möchte, der schaut sich in einem der (zahllos überfüllten) Tierheime nach einem tierischen Wegbegleiter um, nicht auf dubiosen Kleinanzeigen-Portalen oder bei einem/r Züchter/in. Apropos Zucht: Es mag für uns Menschen eine Art Trend oder ein gesellschaftlicher Zwang sein, das Gefühl zu haben, die bestmögliche körperliche Version sein zu müssen. Wenn naturgegebene Körpermerkmale und –formen dann mittels Schönheitschirurgie angepasst werden, ist dies in der Regel eine individuelle, frei und selbstbestimmt getroffene Entscheidung des Einzelnen. Der Mops, die Englische oder Französische Bulldogge, das Zwerg-, Teddy- oder Albinokaninchen sowie das Satin-Meerschweinchen haben diese Entscheidungshoheit nicht. Sie werden fremdbestimmt gewissen Modetrends sowie dem menschlichen Geschmack unterworfen und leiden ihr Leben lang chronisch unter den Folgen dieser sogenannten Qualzucht. [27] [28] Die Züchtung von Tieren unter »Duldung oder Förderung von Merkmalen, die mit Schmerzen, Leiden, Schäden oder Verhaltensstörungen für die Tiere verbunden sind« ist schlichtweg eine Qual für die Tiere und dennoch leider existent, da es die Nachfrage gibt und somit für Züchter den monetären Anreiz. Doch wofür das Ganze, frage ich mich und auch Sie? Weil es knuffig, niedlich, süß, trendy ist? Weil die »künstlich« erschaffenen Gesichtsproportionen beispielsweise beim Mops mit rundem Kopf, flacher Nase und Kulleraugen dem sogenannten Kindchenschema entsprechen und in uns Menschen einen Beschützerinstinkt wecken? Rechtfertigt dieses Designen – aus Sicht des Mopses – lebenslange Atembeschwerden und Atemnot, starkes Hecheln bei kleinster Belastung, ein Hervorquellen der Augäpfel, Gebissfehlbildungen, Missbildungen in der Schädeldecke oder die Gefahr zu erblinden? Wie lautet Ihre Antwort?

Webseiten von Tierschutzorganisationen und die darin enthaltenen Informationen sowie Aufklärungsberichte sollten nicht nur ins persönliche Interesse rücken, wenn – wie für PETA – wieder einmal ein Promi die Hüllen fallen lässt. Es gibt viele Optionen, sich im Tier- und Umweltschutz zu verwirklichen: Man kann im NABU, im Naturschutzbund Deutschland, tätig werden, man kann Tierarchen und/oder in Tierheimen unterstützen, mit Geldspenden oder auch körperlichem An- und Zupacken, man kann Tier-Patenschaften übernehmen, man kann Wälder und Parks schlichtweg sauber halten und damit den Lebensraum von (Wild-)Tieren schützen, man kann Insektenwiesen anpflanzen und Insektenhotels bauen, ebenso Igelbehausungen. Vielleicht darf der heimische (Schreber-)Garten auch einfach etwas

»wilder« werden und sein, was meinen Sie? Lassen wir doch ruhig etwas mehr das »Ungezähmte« zu, lassen Sie uns Vielfalt an Blumen und Gräsern schaffen, erlauben wir der Natur zu blühen, so mancherlei geflügeltes Insektentier wird es uns danken. Und lassen Sie uns nicht vom vermeintlichen Getuschel der Nachbarn daran hindern, wenn wir das Alles-muss-doch-aber-akkurat-getrimmt-gemäht-geschnitten-sein-Korsett ablegen. Es ist egal, was die Zaunnachbarn denken oder sagen, geben wir uns selbst und vor allem der uns umgebenden Natur ihren Raum, frei nach dem Motto »wild und wunderbar!«.

PLATZHALTER FÜR EIGENE ERKENNTNISSE UND IDEEN

KAPITEL III

MENSCHENRECHTE –
WAS GEHT MICH FREMDES ELEND AN?

ROLLE RÜCKWÄRTS

Im August 2021 füllten Berichte über chaotische sowie dramatische Szenen in Kabul, der Hauptstadt Afghanistans, die Medienlandschaft. Videos kursierten, die zeigen sollen, wie Menschen versuchten, auf ein startendes US-Militärflugzeug zu klettern und wie sie versuchten, sich an diesem festzuhalten, um »ausgeflogen« zu werden. Einige Stimmen in den sozialen Medien zerpflückten diese Nachrichten als Fake, behaupteten, das Flugzeug sei lediglich eine aufblasbare Attrappe. Fakt ist, dass vom 16. bis 26. August 2021 allein durch die Bundeswehr rund 5400 Männer, Frauen und Kinder in einer Evakuierungsoperation, Teil einer internationalen Luftbrücke, aus Afghanistan heraus und damit in Sicherheit gebracht worden sind [29], denn parallel zum planmäßigen Abzug der NATO-Truppen eroberten in dieser Zeit die Taliban, eine islamistische Terrorgruppe, Region um Region des Landes zurück. Afghanische Streitkräfte leisteten keinen nennenswerten Widerstand, die afghanische Regierung floh, so dass die Taliban am 15. August 2021 in Kabul ihren Sieg verkündeten. Nach ihrer 1. Herrschaft in den Jahren 1996 bis 2001 übernahmen sie somit erneut die Macht und riefen zum zweiten Mal das Islamische Emirat Afghanistan aus. Damit drehte sich das Rad der Zeit für die dortige Zivilgesellschaft schwindelerregend schnell zurück. Öffentliche Auspeitschungen sowie Hinrichtungen prägen die neue alte Machtstruktur, basierend auf der Scharia, welche »die Gesamtheit aller religiösen und rechtlichen Normen, Mechanismen zur Normfindung und Interpretationsvorschriften des Islam« darstellt. Frauen und Mädchen werden nach und nach weitestgehend vom öffentlichen Leben ausgeschlossen und unterliegen unzähligen Ver- und Geboten. Frauen müssen sich unter anderem wieder vollständig verschleiern, wenn sie ihre Wohnung/ihr Haus verlassen. Schulbildung ist für Mädchen nur noch bis zum 12. Lebensjahr gestattet. Im Dezember 2022 ist Frauen das Studieren an Hochschulen verboten worden. Anderthalb Jahre nach dem NATO-Truppen-Abzug ist von einem gemäßigten Kurs, den die Taliban im Zuge der Machtübernahme versprochen hatten, nichts übriggeblieben. Der Westen hat Worthülsen vertraut, die Realität zeigte und zeigt Frauenverachtung beziehungsweise –unterdrückung auf breiter Linie. Internationale Kritik ploppt sporadisch in die Tagespresse und ist morgen, spätestens übermorgen, wieder vergessen.

»Frau. Leben. Freiheit.« Dies ist ein Slogan der Protestwelle im Iran, die im September 2022 ihren Anfang genommen hat mit dem Tod der iranischen Kurdin Jina Mahsa Amin. Die erst 22-jährige Frau verstarb am 16. September 2022 in einem Krankenhaus in Teheran, nachdem sie ein paar Tage zuvor von der sogenannten Sittenpolizei wegen angeblichen Verstoßes gegen die islamische Kleidungsordnung festgenommen und im Polizeigewahrsam vermutlich misshandelt worden war. Die daraus resultierende größte Widerstandsbewegung seit Jahrzehnten gegen das Islamistische Regime fordert mehr Rechte und Freiheiten sowie das Ende der theokratischen

Herrschaft (»Gottesherrschaft«). Ebendiese reagiert mit Waffengewalt, Verhaftungen, Folter, Schauprozessen sowie Hinrichtungen, um ihr Machtgefüge zu stabilisieren und zu erhalten. Wiederkehrende Unterbrechungen der Internet- und Telefondienste erschweren eine objektive Berichterstattung sowie einen unabhängigen Journalismus. Jedoch lässt sich das düstere Bild aus Unterdrückung, Überwachung und Verletzung von Menschenrechten durch Internetzensur oder Kappung von Social-Media-Kanälen nicht verwässern, es bleibt düster und allen Versuchen zum Trotz auch nicht unbemerkt. Bereits 2017 wagten mutige Frauen zaghafte Proteste, indem sie an öffentlichen Orten den Hijab, das Kopftuch, verbotenerweise abnahmen, es teilweise an Stöcke banden und wie eine Fahne schwenkten. Das »Mädchen von der Enghelab-Straße« wurde zu einer ersten Symbolfigur. [30]

Nun liegt der Fokus in den vorangegangenen Absätzen stark auf dem Nahen beziehungsweise Mittleren Osten. Wie steht es um die Frauenrechte in Deutschland? Können wir uns hier mit einer Vorreiter:innen-Rolle rühmen? Wohl eher nur eingeschränkt, würde ich sagen. Natürlich war und sind wir in Deutschland meilenweit entfernt von einem islamisch-fundamentalistisch geprägten Frauenbild. Die wahrhaftige Gleichberechtigung zwischen Mann und Frau ist jedoch auch hierzulande eine scheinbare ›neverending story‹, und überdies noch eine recht junge. Erst seit 1918, nach dem Ende des Deutschen Kaiserreiches, haben Frauen das Recht, in Deutschland aktiv und passiv an Wahlen und Abstimmungen teilzunehmen. In Zeiten des Nationalsozialismus erlebt der noch junge Fortschritt den ersten Dämpfer – Frauen verlieren das passive Wahlrecht, das Recht, gewählt zu werden. Seit 1949 ist im

Grundgesetz der Bundesrepublik Deutschland in Artikel 3, Absatz 2 verankert: »*Männer und Frauen sind gleichberechtigt.*« Die Umsetzung in die Praxis ist ein langwieriger Prozess. Ein Prozess, der bis heute noch nicht abgeschlossen ist, weder in Deutschland noch in Europa.

Bis 1957 existiert in der BRD der sogenannte Gehorsamsparagraf (§ 1354 Bürgerliches Gesetzbuch): »*Dem Manne steht die Entscheidung in allen das gemeinschaftliche eheliche Leben betreffenden Angelegenheiten zu; er bestimmt insbesondere Wohnort und Wohnung.*« Mit dem 1958 in Kraft getretenen Gesetz über die Gleichberechtigung von Mann und Frau auf dem Gebiet des bürgerlichen Rechts, kurz Gleichberechtigungsgesetz genannt, wird eine nächste wichtige Etappe erreicht. [31] Nach der bisherigen Gesetzgebung hatte der Mann das Recht gehabt, über das in die Ehe eingebrachte Vermögen der Frau zu entscheiden. Ferner konnte die Frau nur dann eine Berufstätigkeit ausüben, wenn der Ehemann zustimmte. In allen Angelegenheiten besaß er ein »Letztentscheidungsrecht«. Dies alles entfällt ab diesem Zeitpunkt hoffnungsvoller- und fortschrittlicherweise. Jedoch findet das alte besser gesagt veraltete Rollenverständnis immer noch ein Eingang ins BGB. Im neu gefassten Paragrafen 1356 steht: »*Die Frau führt den Haushalt in eigener Verantwortung. Sie ist berechtigt, erwerbstätig zu sein, soweit dies mit ihren Pflichten in Ehe und Familie vereinbar ist.*« Erst mit der Reform des Ehe- und Familienrechts und dessen Umsetzung im Jahr 1977 löst sich die vorherrschende rollenfixierte »Hausfrauenehe« zumindest auf dem Papier auf. § 1356 BGB lautet nun wie folgt: »*(1) Die Ehegatten regeln die Haushaltsführung im gegenseitigen Einvernehmen. Ist die Haushaltsführung einem der Ehegatten überlassen, so leitet dieser den Haushalt in eigener*

Verantwortung. *(2) Beide Ehegatten sind berechtigt, erwerbstätig zu sein. Bei der Wahl und Ausübung einer Erwerbstätigkeit haben sie auf die Belange des anderen Ehegatten und der Familie die gebotene Rücksicht zu nehmen.«* 1994 wurde Artikel 3 des Grundgesetzes der folgende Satz zugefügt: *»Der Staat fördert die tatsächliche Durchsetzung der Gleichberechtigung von Frauen und Männern und wirkt auf die Beseitigung bestehender Nachteile hin.«*

Ich hoffe, Sie sind gedanklich sowie konzentrationsseitig noch nicht ausgestiegen und weiterhin gewillt, mir und der teils trockenen Juristerei zu folgen. Ja? Sie sind großartig! Zur Auflockerung ein kurzer Exkurs mit der Frage: Folgt eine sich verändernde Gesetzgebung mitunter lediglich verzögert der gelebten Realität? Nach dem Ende des 2. Weltkrieges standen beispielsweise viele Frauen in Deutschland vor der Herausforderung, sowohl ihr eigenes als auch das Überleben ihrer Familie zu sichern, denn ihre Ehemänner waren entweder im Krieg gefallen, versehrt zurückgekehrt oder noch in Kriegsgefangenschaft. Somit mussten viele Frauen ihr Leben eigen- und selbständig in die Hand nehmen. Es ging nicht um Arbeit *oder* Haushalt, sie mussten vielmehr beides wuppen. Diese »Reform« gründete sich auf einem geopolitischen Ausnahmezustand und nicht auf der grundsätzlichen Abkehr von einem überholten Rollenverständnis. Leider.

Sind Frauenrechte universelle Menschenrechte? Das im Jahr 2020 vom Bundesministerium für Familie, Senioren, Frauen und Jugend herausgegebene Handbuch zur Frauenrechtskonvention der Vereinten Nationen soll als Informations- und Inspirationsquelle dienen, eine Art Nachschlagewerk in Bezug auf die im Jahr 1979 verabschiedete Konvention. [32] Das *»Übereinkommen zur Beseitigung jeder Form von*

Diskriminierung der Frau (Convention on the Elimination of All Forms of Discrimination Against Women – CEDAW) war der erste und ist bis heute der zentrale internationale Menschenrechtsvertrag speziell für die Rechte von Frauen. Das Übereinkommen wurde am 18. Dezember 1979 von der Generalversammlung der Vereinten Nationen verabschiedet, trat 1981 in Kraft und bildete auf dem jahrzehntelangen, mitunter beschwerlichen Weg der Frauenbewegung und Diplomatie einen Höhepunkt in dem weltweiten Bemühen um Gleichberechtigung und Gleichstellung der Geschlechter. Erstmals wurde ein eigenes, umfassendes internationales Menschenrechtsinstrument geschaffen, das die Diskriminierung nicht nur allgemein aufgrund des Geschlechts, sondern konkret in Bezug auf Frauen in allen Lebensbereichen verbietet und die Staaten zum Ergreifen von geeigneten Maßnahmen verpflichtet, um die rechtliche und tatsächliche Gleichstellung zwischen Frauen und Männern herbeizuführen. Über die Umsetzung des Übereinkommens auf nationaler Ebene haben die Mitgliedstaaten regelmäßig zu berichten.«

Die BRD hat das Abkommen 1985 ratifiziert, Afghanistan im Jahr 2003. Mit der erneuten Machtübernahme durch die Taliban im Jahr 2021 wurde diese Errungenschaft für Afghanistan wieder zunichtegemacht. Der Iran hat diese Konvention weder jemals unterschrieben noch ratifiziert.

Auf der 2. Menschenrechtsweltkonferenz in Wien/Österreich im Juni 1993 ist im Aktionsprogramm im Punkt 18 festgehalten worden [33]: *»Die Menschenrechte der Frauen und der minderjährigen Mädchen sind ein unveräußerlicher, integraler und unabtrennbarer Bestandteil der allgemeinen Menschenrechte. Die volle und*

gleichberechtigte Teilnahme der Frau am politischen, bürgerlichen,
wirtschaftlichen, sozialen und kulturellen Leben auf nationaler, regio-
naler und internationaler Ebene und die Beseitigung jeder Form von
Diskriminierung aufgrund des Geschlechts sind vorrangige Zielsetzung
der internationalen Gemeinschaft.« Wie logisch und selbstverständlich
liest sich dieser Programmpunkt. Wie gleichermaßen befremdlich wirkt
er jedoch, da die Realität, 30 Jahre nach dieser Konferenz, eben diese
Selbstverständlichkeit nicht widerspiegelt.

EIN GEWALT- UND DISKRIMINIERUNGSFREIES LEBEN

Das Recht auf ein gewaltfreies Leben soll und muss für jeden gelten.
Die Statistik des Bundeskriminalamts zu partnerschaftlicher Gewalt
für das Berichtsjahr 2021 zeigt auf, dass in Deutschland alle 4,5
Minuten eine Frau Opfer partnerschaftlicher Gewalt wird, alle 45
Minuten Opfer von schwerer körperlicher Gewalt. [34] 113 Frauen
sind 2021 infolge von partnerschaftlicher Gewalt verstorben, also in
etwa jeden dritten Tag eine Frau. Für das Jahr 2022 veröffentlicht
das Bundesministerium für Familie, Senioren, Frauen und Jugend die
Zahl 133 – 133 Frauen, die 2022 durch Partner oder Ex-Partner getötet worden sind. [35] Sind das nicht erschreckende und zugleich
erschütternde Zahlen? Zahlen, die sowohl anonym als auch gesichts-
los in Berichten stehen und dabei nur die Spitze eines Eisberges darstellen. Wie hoch mag die jeweilige Dunkelziffer sein, insbesondere
von vorsätzlicher einfacher sowie schwerer Körperverletzung, von

Bedrohung, Stalking und Nötigung, von sexuellen Übergriffen und Vergewaltigung? Wie viele Taten wurden und werden aus Angst oder Scham nicht zur Anzeige gebracht? Mit der sogenannten Istanbul-Konvention ist im Jahr 2011 ein «Übereinkommen des Europarats zur Verhütung und Bekämpfung von Gewalt gegen Frauen und häuslicher Gewalt», ein völkerrechtlicher Vertrag, verabschiedet worden. Darin sind in 81 Artikeln verbindliche Rechtsnormen fixiert worden, mit denen sich die unterzeichnenden Staaten verpflichten, offensiv gegen psychische Gewalt, Nachstellung, körperliche sowie sexuelle Gewalt einschließlich Vergewaltigung, Zwangsheirat, Verstümmelung weiblicher Genitalien, Zwangsabtreibung und Zwangssterilisierung sowie sexuelle Belästigung vorzugehen. Im Oktober 2017 ist das Übereinkommen in Deutschland ratifiziert worden und am 1. Februar 2018 in Kraft getreten. Wenngleich Raum und Zeit subjektiv und demnach sehr unterschiedlich wahrgenommen werden – braucht es 7 Jahre für die Erstellung eines solch bedeutenden Vertrages? Echt jetzt?

»Ein Jugendlicher beleidigt einen anderen Jugendlichen schwulenfeindlich und versucht, ihn mit einem Gürtel zu schlagen. Ein Unbekannter spricht einen Transmann auf der Straße an und fragt ihn, ob er ein Mann sei – und schlägt ihn nach dem »Ja« mit der Faust ins Gesicht. Ein Bekannter schlägt einen schwulen Mann nach einem Streit über dessen sexuelle Orientierung mit einem Pflasterstein ins Gesicht. Ein Mann beleidigt einen anderen Mann mit homophoben Sprüchen und verpasst ihm einen Faustschlag ins Gesicht. Drei Männer stoßen zwei junge Lesben nach einem Kuss in der Straßenbahn zu Boden und treten ihnen ins Gesicht. Jugendliche versuchen, ein schwules Ehepaar zu überfallen, schlagen die

Männer und treten sie. *All dies geschah allein im Dezember 2019 und im Januar 2020 in Berlin – festgehalten in Meldungen der Berliner Polizei.«* [36]

Wird Berlin nicht als hip, als weltoffen angepriesen? Eine Stadt, in der man leben möchte? Platz 13 belegte Berlin 2022 im Ranking der lebenswertesten Städte der Welt laut dem Städte-Index der britischen »Economics«-Gruppe. [37] [38] Die Hauptstadt Deutschlands ergatterte also Platz 13 von insgesamt 173 Städten weltweit, gemessen an beziehungsweise bewertet mittels Kriterien wie Gesundheitsversorgung, Kultur, Umwelt, Bildung und Infrastruktur sowie Stabilität. Sind der Platz und damit die Zahl 13 ein schlechtes Omen für ein selbstbestimmtes und angstfreies Leben, zumindest wenn es Menschen betrifft, die sich der LGBTQIA+-Community zugehörig fühlen, also unter anderem Lesben, Schwule (Gay), Bisexuelle, trans- und intergeschlechtliche Menschen? Ist beziehungsweise mutiert der öffentliche Raum (wieder) zu einem Ort ständiger Bedrohung? Sind Toleranz und Akzeptanz, insbesondere in Deutschland, nur geheuchelt? In der Fernsehunterhaltung mag dies so schön bunt und queer über den Bildschirm flimmern – die 1. Staffel von *Prince Charming* ist im Jahr 2020 mit dem Grimme-Preis bedacht worden, der höchsten Auszeichnung für Fernsehsendungen in Deutschland. [39] Doch wie fernab vom alltäglichen Leben ist solch ein Reality-Dating-Format? Wie homophob, wie transphob ist unsere Gesellschaft heutzutage? Die Abschaffung des Paragrafen 175 StGB (Verbot von Homosexualität) im Jahr 1994, die ›Ehe für alle‹ seit 2017, die Aufhebung des Blutspendeverbots für homo- und bisexuelle Männer sowie transgeschlechtliche Menschen im März 2023 – Ereignisse, die hoffnungsvollerweise von einer (gesetzesbasierten) Abkehr von Ausgrenzung und Diskriminierung in Deutschland zeugen. Dennoch muss ich meine eben gestellte Frage wiederholen – wie offen, tolerant, respektvoll ist unsere Gesellschaft? Ist nicht die Tatsache, dass sich nach wie vor noch nie ein aktiver männlicher Profi-Fußballer in Deutschland als homosexuell geoutet hat, der nüchterne und traurige Beweis, dass sie es nicht ist?

Welche Strahlkraft hätte es haben können, wenn zum Beispiel die deutsche Fußball-Nationalmannschaft bei der Weltmeisterschaft 2022 in Katar mit der ›One Love‹-Binde aufgelaufen wäre, sportlichen Sanktionen der FIFA wie Geldstrafen, Punktabzug oder Gelber Karte zum Trotz? Mit dem Tragen dieser Kapitänsbinde, auf der ein Herz in Regenbogenfarben zu sehen ist sowie der Slogan ›One Love‹ - als Symbol für Vielfalt, Offenheit und Toleranz - beabsichtigten die Fußball-Verbände, ein Statement gegen Homophobie, Antisemitismus und Rassismus zu setzen. [40] Darüber hinaus sollte es ein Zeichen für Menschen- und Frauenrechte sein. Die deutsche Fußball-Nationalmannschaft reagierte vor ihrem Auftaktspiel gegen Japan zwar mit einer Protestaktion auf das Trage-Verbot, indem sich die Spieler der Startelf beim Mannschaftsfoto den Mund zuhielten. Für mich war es allerdings in unpassender Weise oder fast schon wieder passenderweise ein Sinnbild für Schweigen und nicht zuletzt Rückgratlosigkeit. Es bezeugte den fehlenden Mut, seine Werte und Überzeugungen auf der Weltbühne zu vertreten. Damit wurde in meinen Augen die einmalige Chance vertan, Vorbild zu sein. Doch steht es mir als Fan, als deutsche Staatsangehörige, überhaupt zu, solch eine »Aktion« von den Spielern und dieser spezifischen Ballsportart zu erwarten? Darf ich anderen meine eigenen Maßstäbe aufzwingen? Dürfen wir als Land anderen Ländern unsere Maßstäbe aufzwingen? Zeigt sich hier der schmale Grat zwischen theoretischem Tolerant-Sein und tatsächlichem Toleranz-Leben gegenüber anderen Kulturen? Muss Sport neutral sein und bleiben, weil er unpolitisch Länder und Kulturen vereinen soll? Oder wäre und ist es nicht genau *die* passende Plattform, bei medialen Großereignissen wie Europa- und Weltmeisterschaften oder Olympia klare Signale und Zeichen zu setzen und damit auf ethisch-moralische Missstände in den Gastgeberländern hinzuweisen?

Apropos Fußball und Rassismus – die Dokumentation *Schwarze Adler* [41] sowie die Vorfälle im November 2023 im Zusammenhang mit der Fußball-Weltmeisterschaft der U 17 zeigen leider, dass diese menschenverachtende Ideologie omnipräsent, sprich allgegenwärtig ist, auch in Deutschland. Menschen aufgrund ihres Äußeren, ihres Namens, ihrer (vermeintlichen) Kultur, Herkunft oder Religion abzuwerten beziehungsweise auszugrenzen, ist keine Schattenfigur aus vergangenen Zeiten. In jede Generation, bis in die Gegenwart hinein, streckt sie ihre ekligen Diskriminierungs-Finger aus, schürt Hass, sowohl in diesem an sich wunderbaren Ball-Team-Sport als auch im Alltagsleben.

WARUM HASSEN WIR?

Doch warum hassen wir? Weshalb entstehen Feindbilder aufgrund zum Beispiel einer anderen Religion, ethnischen Herkunft oder politischen Zugehörigkeit? Bedingt ein genetisch verankerter, instinktiver Wunsch nach Gruppenzugehörigkeit eine Einteilung der Welt in »Wir«

und »Die«? Ist es der Kampf um Ressourcen wie Lebensraum oder Nahrung? Führt die Angst vor dem Andersartigen zu Bürgerkriegen und Völkermorden? Üben wir psychische und physische Gewalt gegen andere aus, da wir uns bedroht fühlen oder eine angebliche strukturelle Ungleichheit beseitigen wollen?

Ein Beispiel dafür, wie Gruppendynamiken entstehen können, insbesondere mit welchen Folgen für die Gruppenmitglieder, ist das ›Robbers Caves‹-Experiment aus dem Jahr 1954. [42] Der US-Sozialpsychologe Muzafer Sherif zeigt mit diesem eindrucksvoll das Entstehen von Konflikten, in diesem speziellen Fall unter Kindern zwischen 10 und 12 Jahren in einem Ferienlager. 22 Jungen wurden in zwei Gruppen eingeteilt. In der ersten Phase des Experiments lernten sich die jeweiligen Mitglieder kennen, zunächst nur innerhalb ihrer eigenen Gruppe. In Phase zwei trafen die Gruppen dann auch aufeinander, zum Beispiel bei Sportwettkämpfen. Die Forschenden benutzten diese Wettkämpfe, um Rivalität zwischen den Gruppen zu erzeugen und Feindseligkeiten zu provozieren, indem sie die Wettkämpfe manipulierten oder ungerecht bewerteten. Dies führte zu einer Verhaltensänderung bei den Jungen von harmlosen Teilnehmern hin zu aggressiven Rivalen. Prügeleien, Flaggenverbrennungen und Überfälle waren die erschreckenden Höhepunkte der Konflikteskalation. Positiverweise zeigte das Verhaltensexperiment auch, und zwar in Phase drei, wie Konflikte überwunden werden können. Durch übergeordnete Probleme (beispielsweise Mangel an Trinkwasser) mussten die beiden Gruppen gemeinsam agieren und durch Kooperation zur Lösung beitragen. Das Miteinander führte zum Abbau der Feindseligkeiten und zu einem Wandel in den Gruppenidentitäten. Die, wenn auch künstlich erzeugte, Spaltung von Gruppen konnte im

Verlauf des Experiments aufgrund von übergeordneten Zielen wieder aufgehoben und somit überwunden werden. Phase drei trug demnach zu Verständigung und Versöhnung bei. Wenngleich dieses Experiment heutzutage mit anderen ethischen Maßstäben betrachtet wird, war und ist es ein Meilenstein in Bezug auf die wissenschaftliche Erforschung von Gruppenkonflikten.

Lassen Sie uns von Gruppen zurück zum Individuum gehen. Wie viel ist ein Menschenleben letzten Endes wert? Gibt es hierfür unterschiedliche Bewertungsansätze? Sie erinnern sich vielleicht an den medialen Aufschrei sowie den materiellen, tagelangen Suchaufwand, der betrieben worden ist, als im Juni 2023 das Mini-U-Boot »Titan« auf einer Tauch-Expedition zu den Überresten der »Titanic« implodierte? Vier Tage lang wurde, nachdem der Kontakt zum U-Boot abgebrochen war, mit Flugzeugen, mehreren (Spezial-)Schiffen sowie Tauchrobotern nach den Passagieren gesucht. Es waren fünf Menschen, die bei diesem Unglück ihr Leben ließen, darunter ein britischer Milliardär. An den Such- und Rettungsbemühungen waren Einsatzkräfte der kanadischen sowie US-amerikanischen Küstenwache, der US Navy, der Royal Canadian Air Force und der US Air National Guard beteiligt. [43] [44] Welche Anstrengungen werden im Gegenzug unternommen, wenn heillos mit Flüchtlingen überladene Schlauchboote manövrierunfähig zum Beispiel auf dem Mittelmeer treiben? Tauchen derartige Berichterstattungen, bei denen es nicht weniger als um die Rettung sowie Würdigung von Menschenleben geht, (noch) in der Tagespresse auf? Werden diese Menschen überhaupt gerettet oder einfach ihrem Schicksal überlassen? Sind wir auch hier mit der Zeit abgestumpft, ignorant, dem Ganzen überdrüssig geworden?

Verschwinden deshalb Meldungen hierüber zunehmend aus der Medienlandschaft?

Um die eigene Empathie wiederzubeleben, um das Verständnis für Mitmenschen zu fördern, um in einen wahrhaftigen und ehrlichen Kontakt zu treten – wie wäre es mit einem Besuch in einer ›Human Library‹? [45] Human bitte was? Stellen Sie sich vor, Sie gehen in eine Bibliothek, jedoch nicht, um wie für gewöhnlich in Büchern zu schmökern oder sich welche auszuleihen. Vielmehr »leihen« Sie sich ungewöhnlicherweise eine Person für ein Gespräch, um in ihrer Lebensgeschichte, in der Regel geprägt durch Stigmatisierung und Vorurteile, zu »blättern«. Sie »verleihen« im Gegenzug Ihre Aufmerksamkeit, Ihre Ohren, und öffnen im besten Falle Ihr Herz. Die menschliche Bibliothek bietet die Chance, aus einem Schubladen- und Schwarz-Weiß-Denken herauszutreten, um Menschen vorurteilsfrei(er) zu betrachten, zumindest am Ende eines solch intimen Gespräches. Informieren Sie sich gern im Netz, wann und wo eine derartige Veranstaltung in Ihrer Nähe angeboten wird, mancherorts auch »Lebendige Bibliothek« genannt. Gegebenenfalls möchten Sie solch ein großartiges, Horizonterweiterndes Projekt mit Ihrer eigenen Geschichte unterstützen, selbst zu einem »Buch« werden? Noch ist die ›Human Library‹ in Deutschland keine feste Institution wie zum Beispiel in Dänemark, was ich sehr bedauerlich finde.

Das Nächstenliebe-und-Verständnis-für-Mitmenschen-Rad muss vielleicht auch gar nicht komplett neu erfunden werden. Klar, eine Initiative à la Human Library klingt innovativ und, neudeutsch, fancy. Nennens- und unterstützenswert ist sie allemal, das steht außer Frage! Schlussendlich greift sie ein bekanntes Konzept auf, um ein gesellschaftliches sowie generationsübergreifendes Miteinander zu fördern. Wenn sich keine »Menschliche Bibliothek« in Ihrer Nähe finden lässt, dann ganz bestimmt ein Begegnungscafé, ein soziokulturelles Zentrum oder Mehrgenerationenhaus, ein gemeinnütziger Flüchtlings- und/oder Jugendhilfeverein. Es gibt viele bereits etablierte Orte, Träger und Initiativen, um in Austausch und Kontakt treten sowie ehrenamtlich unterstützen zu können.

Die Spezies Mensch besitzt die einzigartige Fähigkeit zu lieben. Wir Menschen sind allerdings auch Erben der Evolution mit einer gewalttätigen Vergangenheit, wie es der Neurowissenschaftler Dr. Emile Bruneau in der von Steven Spielberg produzierten Dokumentationsreihe *Warum wir hassen* anführt. [46] Die Faktoren, welche Menschen in den unterschiedlichsten Regionen in der Welt in Konflikte treiben, sind ähnlich, und letztlich sind wir als Menschen bedauerlicherweise auch im Stande zu hassen. Hass muss als gesellschaftliches Problem angesehen werden, welches genauso zerstörerisch ist wie Krebs. Im menschlichen Gehirn liegen Ursache und eine mögliche Lösung gleichermaßen, denn unser Gehirn hat sich hoffnungsvollerweise zu etwas sehr Flexiblem entwickelt. Keine Assoziation, kein Gedanke, kein Vorurteil ist unveränderlich. Hass ist überwindbar, wenn ein Bewusstsein darüber entwickelt wird, wie Vorurteile entstehen, vor allem auch auf neurowissenschaftlicher Ebene. Der Hirnforscher Richard Davidson ist der Ansicht, dass Veränderungen in bestimmten Gehirnarealen möglich sind durch beispielsweise Achtsamkeits- und Meditationsübungen. Diese verbessern und stärken wissenschaftlich nachweisbar unter anderem die Verbindung zwischen dem Präfrontalen Cortex (= Ort der Emotionsregulation und Handlungssteuerung) und der Amygdala

(= Ort der Gefühlsverarbeitung/Angstzentrum), so dass angstgesteuerte, teils unbewusst ablaufende Prozesse beherrschbar(er) werden. Bereits in und ab der Grundschulzeit sollte daher soziales und emotionales Lernen gefördert werden. Man darf nicht auf das Erwachsenenalter warten, auf die erste ›midlife crisis‹, wenn das Kind sprichwörtlich in den Brunnen gefallen ist. So früh wie möglich sollten jugendliche Heranwachsende mit Achtsamkeitsübungen vertraut gemacht und in die Lage versetzt werden, Wut und Zorn durch Mitgefühl zu ersetzen. Das Prinzip der Vorsorge statt Nachsorge lässt sich auch hier wunderbar anwenden, finde ich. Unser Gehirn ist dafür geschaffen, sich zu ändern, aber wir haben Angst vor der Veränderung, Angst davor, unbewusst übernommene Überzeugungssysteme aufzugeben, da dies den Verlust von Sicherheit bedeutet. Wir hassen auf Basis von »Entmenschlichung«, sprechen anderen damit ihre Menschenwürde, ihr Recht auf Leben und physische sowie psychische Unversehrtheit ab. Dies rückgängig zu machen, muss ein wissenschaftlicher, politischer und gesellschaftlicher Auftrag sein! Wer A sagt, muss nicht B sagen, er kann auch erkennen, dass A falsch ist. Dies erfordert Wachstum und Entwicklung, im Innen wie im Außen.

»Wenn Licht in der Seele ist,

ist Schönheit im Menschen.

Wenn Schönheit im Menschen ist,

ist Harmonie im Haus.

Wenn Harmonie im Haus ist,

ist Ordnung in der Nation.

Wenn Ordnung in der Nation ist,

ist Frieden in der Welt.«

CHINESISCHE WEISHEIT

PLATZHALTER FÜR EIGENE ERKENNTNISSE UND IDEEN

KAPITEL IV

POLITIK – IST DAS WICHTIG ODER KANN DAS WEG?

EINE DEFINITIONS- UND AUSLEGUNGSSACHE

»Man darf niemals ›zu spät‹ sagen. Auch in der Politik ist es niemals zu spät. Es ist immer Zeit für einen neuen Anfang.«
KONRAD ADENAUER

Auf der Homepage der Bundeszentrale für politische Bildung findet sich für die Fragestellung »Was ist Politik?« die folgende Antwort [47a] [47b]:

»Politik ist Handeln in Gruppen von Menschen. **Handeln** ist, wenn Menschen etwas miteinander machen:

- Wenn Menschen miteinander reden und entscheiden, machen sie Politik.
- Wenn Menschen Regeln für Gruppen finden, machen sie Politik.
- Wenn Menschen Entscheidungen für Gruppen treffen, machen sie Politik.«

Mag sein, dass diese Ausführungen etwas nach »Wie erklär' ich's meinem Kinde?« klingen. Aber das ist vielleicht gar kein so verkehrter

Ansatz bei einem Bereich, bei dem man schnell und oft den Eindruck gewinnen kann, dass es nicht auf die Inhalte ankommt, sondern lediglich auf die Rhetorik, sprich auf die Redekunst, auf das wirkungsvolle Gestalten einer Rede, die andere überzeugen soll (ohne dass man wirklich etwas gesagt oder versprochen hat). Oftmals mutiert diese Kunst jedoch zu einem verbalen Schlagabtausch, bei dem Disziplin, Höflichkeit und Anstand untergehen. Als Kind wird einem noch beigebracht, andere ausreden zu lassen, zuzuhören, anderen nicht ins Wort zu fallen. Für erwachsene Politiker:innen scheint dieser Anspruch an einen gesitteten Umgang keine allzu große Bedeutung mehr zu haben, zumindest nicht, solange man sich medialer Aufmerksamkeit sicher sein kann. Ist die Presse mit im Raum, geht es meist nur darum, den anderen aus dem Konzept zu bringen, den nächsten Lacher zu ernten, herumzuschreien oder Desinteresse durch Schlafen beziehungsweise Beschäftigung mit dem Handy zu demonstrieren.

In Bezug auf die politische Willensbildung und die Vertretung der politischen Interessen des Volkes spielen politische Parteien dennoch eine wichtige und entscheidende Rolle, so zumindest in der Theorie. [48] Laut § 1 Absatz 2 des Parteiengesetzes stellt sich die verfassungsrechtliche Aufgabe wie folgt dar:

1. Parteien nehmen Einfluss auf die Gestaltung der öffentlichen Meinung.
2. Sie fördern die Teilnahme von Bürgern am politischen Leben.
3. Parteien sollen zur Übernahme öffentlicher Verantwortung befähigte Bürger heranziehen.

4. Sie beteiligen sich an Wahlen in Bund, Ländern und Gemeinden durch Aufstellung von Bewerbern.

5. Sie nehmen auf die politische Entwicklung in Parlament und Regierung Einfluss.

6. Parteien sorgen für eine ständige lebendige Verbindung zwischen dem Volk und den Staatsorganen.

Schaut man in die aktuelle Tagespresse in Deutschland, so findet sich in der Tat viel Lebendigkeit, allerdings in dem Sinne, dass die derzeitigen Ampel-Regierungsparteien (SPD, FDP, Bündnis 90/Die Grünen) abgestraft werden und Schlagworte wie Vertrauens-bruch und Täuschung durch die Medienlandschaft geistern. Was der Stoff für eine echte »Daily Soap« im Vorabend-Programm sein könnte, ist zur ernüchternden politischen Realität geworden. Seit der letzten Bundestagswahl im September 2021 hat sich die rot-gelb-grüne Koalition mittlerweile nicht nur selbst zerfleischt, sondern auch massiv das Vertrauen ihrer Bürger:innen enttäuscht. Dies spiegelt zumindest das Echo aus regelmäßigen Umfragen. Es hat sich »ausgewummst«, so dass uns vermutlich eine tatsächliche »Zeiten-wende« bevorsteht. Die Europawahl vom 9. Juni 2024, mit welcher gleichzeitig in mehreren Bundesländern auch Kommunalwahlen stattfanden, stellt ein nicht zu unterschätzendes Stimmungsbaro-meter dar. Ist es gut oder schlecht für Deutschland sowie Europa, dass auf dieses politische Großereignis unmittelbar ein sportliches folgte, in Form der Fußball-Europameisterschaft 2024? Hat die EM dazu beigetragen, das Resümee aus den jeweiligen Wahlergeb-nissen zu relativieren, Konsequenzen und daraus abzuleitende

Handlungen in den Hintergrund zu drängen, die mediale Sichtbarkeit und damit Präsenz zu pulverisieren? Sind wir letztlich nicht sogar dankbar gewesen über diese Fokusverschiebung?

Seitdem ich wählen darf, also seit meinem 18. Lebensjahr, habe ich dieses aktive Wahlrecht ausgeübt und mich regelmäßig an der Bundestagswahl beteiligt, erstmalig für mich im Jahr 1998. So weit, so gut. Doch was ist die jeweilige Grundlage gewesen, auf der ich meine Entscheidung und somit meine Häkchen bei Erst- und Zweitstimme gesetzt habe? Was hat es überhaupt mit diesen Stimmen auf sich? Chöre habe ich noch nie gemocht! Habe ich mich im Vorfeld der Wahl und somit meiner Entscheidung jeweils »abgeholt« gefühlt von einem der Parteiprogramme? Ist es mir gelungen, alle vier Jahre eine Partei zu finden, welche meine Ansichten, Werte sowie meine grundsätzliche Weltanschauung widerspiegelt?

Ich selbst bin parteilos und gebe zu, politisch gesehen auch oftmals ziemlich orientierungslos. Sollte beziehungsweise müsste ich eine gefestigte(re) Meinung haben, mich politisch tiefgründiger auskennen, auf Bundes-, Landes- und Kommunalebene? Sollte ich keine Scheu vor einer politischen Diskussion haben, mich wirklich zu diesem Thema hingezogen fühlen und wenn nicht, mich zumindest zwingen, mich damit ernsthaft auseinanderzusetzen? Bin ich eine schlechte Bürgerin, wenn ich es nicht tue? Wie gehe ich um mit der eigenen Politikverdrossenheit? Wie kann ich sie verhindern, ihr vorbeugen, oder ist diesbezüglich der Zug längst abgefahren?

In der Vergangenheit habe ich das ein oder andere Mal den sogenannten »Wahl-O-Mat« genutzt, ein Frage-Antwort-Tool, welches die Bundeszentrale für politische Bildung seit 2002 als Informations- und

Entscheidungshilfe im Vorfeld von Wahlen anbietet. Anhand der dort aufgezeigten 38 Thesen lässt sich die eigene politische Position mit den jeweiligen Parteiprogrammen der zugelassenen Parteien abgleichen und der entsprechende Grad der Übereinstimmung oder Nicht-Übereinstimmung feststellen. Die Zuhilfenahme des Tools kann daher eine gute Möglichkeit sein, die eigene politische Position überhaupt erstmal zu finden, damit die Beantwortung der Thesen keine reine Bauchentscheidung ist. Für eine reife demokratische Entscheidung wäre wichtig, dass man nicht einfach nur nach Farben wählt oder wessen Spitzenkandidat:in einem am sympathischsten oder kompetentesten erscheint, sondern sich dahingehend informiert und klar darüber wird, welche Partei die persönlichen Interessen bestmöglich abbildet.

Wenn man sich die Mühe macht und Parteiprogramme unter die Lupe nimmt, dabei hoffentlich Übereinstimmungen findet und somit für sich zu einem politischen Standpunkt gelangt – wie geht man dann damit um, wenn Wahlversprechen letztlich gebrochen werden? Wenn wenig oder nichts von dem umgesetzt wird, was im Vorfeld großspurig angekündigt worden ist und damit die eigene Entscheidung beeinflusst hat? Wenn Kernthemen einer Partei »plötzlich« im Regierungsalltag untergehen beziehungsweise gegensätzlich umgesetzt werden? Setzt dann spätestens Politikverdrossenheit ein und der Gang zur Wahl-urne bei nächster Gelegenheit bleibt aus? Oder kommt angesichts dieser Thematik der bereits erwähnte Wutbürger zum Vorschein, wel-cher völlig irrational und nur noch aus Protest wählt? Schwindet lang-fristig Vertrauen, wenn eine Wahl aufgrund von schwerwiegenden Wahlfehlern wiederholt werden muss? So geschehen im Zusammen-hang mit der Wahl zum Abgeordnetenhaus von Berlin und zu den

Bezirksverordnetenversammlungen vom 26. September 2021, welche im Februar 2023 wiederholt worden ist. [49] Dies passierte in Deutschland, wohlgemerkt! Wie ordnet man Politiker-Skandale in seinen persönlichen Entscheidungsfindungsprozess ein? Beispielhaft genannt seien diesbezüglich die Stichworte Olaf Scholz, Cum-Ex sowie die »Ich kann mich nicht erinnern«-Strategie.

Im März 2023 ist durch die Ampel-Koalition beziehungsweise mehrheitlich im Bundestag eine sogenannte Wahlrechtsreform beschlossen worden, die dafür Sorge tragen soll, dass zukünftig die Zahl der Abgeordneten auf 630 begrenzt wird (aktuell 736 Sitze). Ein weiteres Aufblähen soll damit verhindert werden, insbesondere durch den Wegfall von Überhangs- und Ausgleichsmandaten, denn ein immer größer werdendes Parlament bedeutet steigende Kosten sowie einen erhöhten Abstimmungsaufwand und behindert demnach die Effektivität der parlamentarischen Arbeit. Ob die angestrebten Änderungen bei der nächsten Bundestagswahl im Herbst 2025 tatsächlich greifen werden und können, ist noch fraglich, da unter anderem die Bayerische Staatsregierung Klage beim Bundesverfassungsgericht eingereicht hat. Der Freistaat Bayern beziehungsweise die CSU fühlen sich benachteiligt. Welch eine Überraschung, oder auch nicht! Doch kann solch eine Reform grundsätzlich das elementare Problem von Verunsicherung und Enttäuschung lösen, das aufgrund der aktuellen Regierungsarbeit bei den Wähler:innen entstanden ist? Entladen sich auf die aktuelle Bundesregierung ungerechtfertigterweise strukturelle Versäumnisse aus der Vergangenheit? Vielleicht geht es nicht darum, wie verhindert werden kann, dass die Farbe Blau bei Landtagswahlen oder spätestens bei der nächsten Bundestagswahl im Jahr 2025 weitere (Protest-)Stimmen erhält oder wessen Aufgabe und zugleich Auftrag das sein sollte. Vielleicht geht es ganz lapidar gesagt um den alltäglichen Grundstock in unserem Land: beispielsweise um die Anzahl der Straßenschlaglöcher, um versäumte Brückensanierungen sowie ein veraltetes Schienennetz, um nichtfunktionierende Schultoiletten in teilweise maroden Schulgebäuden, um eine verpasste Digitalisierung in Schulen sowie Behörden, um flächendeckende Funklöcher, um das Wärmepumpen-Hü-und-Hott, um den Fachkräftemangel, um fairen Lohn, um die immer weiter auseinandergehende Schere zwischen Arm und Reich, um Kinder- und Altersarmut, um steigende Preise und Lebenshaltungskosten sowie bezahlbaren Wohnraum, um das Veröden von ganzen Landstrichen, um das monatelange Warten auf einen Facharzttermin, um die Herausforderungen im Zusammenhang mit Einwanderung, um den allgemeinen Bürokratiewahnsinn, um die innere Sicherheit und und und...

BRUTTONATIONALGLÜCK, INNEN- UND AUSSENPOLITIK FÜR ANFÄNGER

Könnte und sollte die Politik eines Staates einen Beitrag zur »Glücksvermehrung« leisten? Dass politischer Erfolg nicht rein an Geldflüssen, erzeugten Waren und Dienstleistungen gemessen wird, sondern daran, wie zum Beispiel ein Volk als eine große Gemeinschaft ihren Lebensstandard ganzheitlich beurteilt? Das quantitative Bruttonationaleinkommen würde durch ein qualitätsorientiertes Bruttonationalglück (englisch ›Gross National Hapiness‹) ersetzt. [50] Neben dem materiellen Wohlstand wäre beispielsweise auch das psychische Wohlergehen ein wichtiger Indikator. Wunsch beziehungsweise Ziel wäre es, eine Balance zwischen Wohlstand, technologischem Fortschritt und nachhaltiger Entwicklung zu finden. Auch wenn es utopisch klingt, dieser etwas andere Ansatz einer volkswirtschaftlichen Gesamtrechnung wird bereits seit vielen Jahren im Königreich Buthan praktiziert. Australien und Neuseeland orientieren sich ebenfalls an diesem Entwicklungskonzept. Wir sollten uns wegbewegen von einer reinen Nutzenmaximierung, weg vom Handeln aus Profitgründen, hin zu einer Orientierung an den Bedürfnissen der Menschen, hin zu einem ganzheitlichen Blick auf Wohlergehen und Ressourcenschonung. Politische Leitlinien sollten sich meines Erachtens daran orientieren, wie die Umwelt sowie die Natur und damit unser aller Leben geschützt werden können, politisches Handeln sollte demnach mit ethischen Maßstäben verknüpft sein.

Bei den oben genannten Ausführungen befinden wir uns zunächst eher auf innenpolitischem Terrain. Die Bundesregierung vertritt Deutschland jedoch auch nach außen und somit auf Ebene der Weltpolitik – ein Betätigungsfeld, bei dem nicht zuletzt aufgrund des Ukraine-Krieges sowie der neuesten Entwicklungen im Nahostkonflikt (Israel, Palästina) Bedeutung und Brisanz zunehmen. Wie positioniert sich Deutschland moralisch, finanziell, militärisch? Wie reagiert unser Land auf den Rechtsruck, nicht nur im eigenen, sondern auch auf den in Nachbarländern wie Italien oder den Niederlanden? Scheuklappen beziehungsweise Bluetooth-Kopfhörer auf und aussitzen?

»In der internationalen Politik geht es nie um Demokratie oder Menschenrechte. Es geht um die Interessen von Staaten. Merken Sie sich das, egal, was man Ihnen im Geschichtsunterricht erzählt.«

EGON BAHR

Bildet dieses Zitat die pure egozentrische Quintessenz ab? Dient die Außenpolitik eines Staates schlussendlich nur der Sicherung von Rohstoffquellen und Absatzmärkten für eben diesen? Führen die Bestrebungen, die Wirtschaftskraft des eigenen Landes zu sichern, mitunter auch dazu, dass ausgeblendet wird, welche teils menschenverachtende Politik an der Tagesordnung ist in den Ländern, die als Handelspartner auserkoren werden? Schaue ich auf die Homepage des Auswärtigen Amtes der Bundesrepublik Deutschland zum Stichwort Außenpolitik, finden unter anderem die folgenden Schlagwörter Erwähnung [51]:

- regelbasierte internationale Ordnung
- humanitäre Hilfe
- Krisenprävention und Stabilisierung
- transatlantische Beziehungen
- feministische Außenpolitik
- Menschenrechte

Diese Themenfelder erscheinen überaus vernünftig und wichtig, vor allem wenn man die aktuelle Weltlage als einen einzig großen globalen Krisenherd betrachtet. Es ist meiner partiellen Unwissenheit und einem gewissen Grad an bisherigem Desinteresse geschuldet, nicht beurteilen zu können, wie stark sich Deutschland in den jeweiligen Bereich einbringt auf internationaler Ebene, wie viel unser Land leistet und verteilt, an materiellen und immateriellen Gütern. Daher steht es mir nicht zu, ein Urteil zu fällen oder eine Bewertung abzugeben. Dennoch stelle ich mir die Frage, ob wir als Staat wirklich ernsthaft für allgemeingültige Moral- und Wertevorstellungen einstehen sowie uneigennützig andere Länder unterstützen. Verfolgen wir als Staat nicht doch nur eigene Interessen, wie es Egon Bahr in seiner Aussage auf den Punkt gebracht hat? Unter dem Deckmantel des Engagements für Frieden und Sicherheit, möchte ich seiner Aussage anfügen. Oder ist Deutschland nur der Obertrottel der Nationen, da wir uns angesichts einer (zumindest gegenwärtig noch) starken Wirtschaftskraft meist auf der Geberseite befinden? Spiegeln die mit vielen Flugmeilen und hoher Umweltverschmutzung verbundenen Reisen diverser Wirtschaftsdelegationen (sowohl von Bundesregierung als auch Bundesländern) ins Ausland nur unsere Abhängigkeit und damit eine Scheinautonomie Deutschlands wider?

INDIVIDUELLE MEINUNGSBILDUNG UND POLITISCHE TEILHABE

Mit dem vorangegangenen Fragenknäuel bewege ich mich vermutlich sehr unbeholfen am Rand eines gigantischen Themenfeldes, dessen Ausmaß ich weder wirklich begreifen noch ansatzweise durchdringen kann. So ehrlich muss ich Ihnen und mir selbst gegenüber sein. Früher (ja ich darf diese Zeitangabe anführen, da ü40) bin ich echt sattelfest gewesen, zumindest was die Namen und dazugehörigen Gesichter der einzelnen Minister:innen der Bundesregierung anbelangt. Und heute? Hm, geht so. Sind diese inhaltslosen Formalien jedoch von Bedeutung, außer vielleicht bei einer Niedrig-Stufen-Frage bei »Wer wird Millionär«? Was an und wie viel von Politik muss ich grundlegend verstehen? Wie erzeuge ich für mich persönlich ein dauerhaftes Interesse an und Verständnis für Politik? Bin ich eine »pflegeleichte« Bürgerin, da ich zu unkritisch eingestellt, nicht nachfragend, sondern nur beobachtend und hinnehmend bin? Interessiere ich mich zu wenig für Politik, da ich mich bislang nicht grundsätzlich benachteiligt fühle in meiner Otto-Normalverbraucher:innen-Welt, weder durch die jetzige Bundesregierung noch durch frühere? Welche Quellen kann ich nutzen, um mich möglichst neutral, unvoreingenommen sowie unbeeinflusst zu informieren, damit ich zu einer Meinung, zu *meiner* Meinung gelange?

»*Die Freiheit der Meinung setzt voraus, dass man eine hat.*«
(UNBEKANNT)

Eine freie Medienlandschaft, die unterschiedliche Berichts- und Sichtweisen zu einem Sachthema anbietet, ohne etwas zu verheimlichen, wäre für die eigene Meinungsbildung sicher hilfreich. Ist dies jedoch noch gegeben? Wird zu bestimmten Themen einseitig berichtet oder die Berichterstattung irgendwann gänzlich eingestellt? Wie schnell passiert es, dass man nur noch in Foren, auf Kanälen oder Ähnlichem unterwegs ist, die entweder die Schwarz-Seite oder die Weiß-Seite abdecken, so dass man irgendwann nicht mehr über den eigenen

Seiten- beziehungsweise Tellerrand schaut? Benötigt es für wahre Demokratie und wirkliche Meinungsfreiheit nicht genau das Gegenteil, und zwar Vielfalt, Facettenreichtum sowie einen respektvollen Dialog? Bewegen wir uns stattdessen schleichend auf eine Tabukultur zu? Genügt es für die eigene Meinung zu wissen, was ich absolut nicht möchte, statt zu wissen, was ich möchte? Sollte ich lieber gar nicht wählen, wenn ich mich durch keine Partei ausreichend vertreten fühle? Dürfen Gefühle in diesem Zusammenhang überhaupt eine Rolle spielen? Existiert Demokratie in unseren Köpfen nur dann, wenn passiert, was *ich* will? Ist Politik wichtig oder scheiden sich an ihr, ähnlich wie bei der Kunst, tatsächlich die Geister?

Wann und vor allem welche Antworten gibt es auf all diese von mir gestellten Fragen, werden Sie gedanklich berechtigterweise anmerken. Sehr wahrscheinlich muss ich Sie an dieser Stelle enttäuschen, denn ich kann Ihnen schlichtweg keine fulminante Bandbreite an Lösungsansätzen anbieten. Spontan kommen mir zumindest Volksentscheide, Bürgersprechstunden sowie Bürgerbeteiligungen in den Sinn. Auf den Internetseiten der Plattformen »Beteiligungskompass« und »Netzwerk Bürgerbeteiligungen« finden sich weitere Informationen zum Wie & Was & Warum. [52] [53] Online-Petitionen sind ebenfalls ein recht unkompliziertes Mittel, um sich selbst eine Stimme zu geben und sich zu engagieren. Meine Ideenarmut muss zudem auch nicht die Ihre sein! Ganz individuell können Sie und ich schauen, wie wir der eigenen Politikverdrossenheit begegnen, wie wir Politik in unseren Alltag integrieren, das Interesse an demokratischem Wissen und Wirken (wieder-) beleben können. Die Bundestagswahl aller vier Jahre sollte nicht das einzige politikbezogene Ereignis sein, bei dem wir unseren Hintern vom bequemen Sofa erheben. Kommunal- und Landtagswahlen sowie die Europawahl stellen weitere Möglichkeiten dar, die politische Landschaft mitzubestimmen. Lassen Sie uns konsequent(er) diese Chancen nutzen, anstatt immer nur zu meckern, dass »die da oben sowieso nicht auf uns hören«!

Vielleicht genügt es nicht, nur zu wissen, wofür man ist. Sie und ich sollten zu der Erkenntnis gelangen, was die Schmerzgrenze beim jeweiligen (politischen) Standpunkt ist. Bei einigen Fragestellungen ist eine simple Ja- oder Nein-Beantwortung sicherlich möglich und sinnvoll, ohne großen Diskussions-Firlefanz. Beispiel: Bin ich für ein generelles Tempolimit auf Autobahnen? Es gibt jedoch viele Themenkomplexe, bei denen wir neben der reinen »Daumen hoch«- oder »Daumen runter«-Entscheidung zunächst für uns herausfinden sollten, wie unser Wunsch, unsere Forderung in Anbetracht der aktuellen ökologischen, ökonomischen sowie technologischen Rahmenbedingungen umgesetzt werden könnte. Was sind Sie und ich bereit zu tolerieren, in Kauf zu nehmen, damit sich eine (politische) Zielvorstellung auch wirklich in der Realität und Praxis niederschlägt? Kompromissbereitschaft ist demnach gefordert, sicherlich logisch, da, wie zu Beginn erwähnt, Politik das Handeln von Menschen in Gruppen darstellt. Damit entstehen dynamische Beziehungsgeflechte, die zu einem Miteinander führen sollten, nicht zu einem Gegeneinander. Dies gilt meiner Ansicht nach für Lebenspartner:innen, Bürger:innen, Berufspolitiker:innen und Staaten gleichermaßen.

NIE WIEDER IST JETZT

Politik mag mitunter unbedeutend für unser Alltagsgeschehen erscheinen. Oder wir vermeiden sie schlichtweg, weil es mittlerweile ziemlich schwierig, anstrengend und »explosiv« geworden ist, beispielsweise politische Gespräche im Familien- und/oder Freundeskreis zu führen. Spätestens die gegenwärtig aufgeheizte Stimmung in Deutschland muss uns wachrütteln, muss uns »ent-stummen« lassen. Letzteres ist sehr wahrscheinlich eine nicht Duden-konforme Wortschöpfung meinerseits, aber egal. Ich hoffe, Sie verstehen die Aussage dahinter. Wir sollten als Gesellschaft einerseits genau hinschauen und zuhören und damit wahrnehmen, vor welchen realen Problemen die Menschen in unserem Land stehen, welche Sorgen sie umtreiben. Andererseits müssen wir als Gesellschaft jedoch genauso sensibel darauf achten, welche Gesten gezeigt, welche Botschaften in Worte gekleidet werden. Was begegnet uns im Alltag auf womöglich unterschwellige, subtile Art und Weise? Man kann über viele politische Strukturen, Prozesse und Entscheidungen uneins sein, darf damit unzufrieden, davon verärgert oder enttäuscht sein. Und definitiv sollten keine »falschen« Feindbilder geschaffen werden, die als Blitzableiter dienen. Doch hinsichtlich Rassismus, Antisemitismus, Extremismus, Faschismus und der Verletzung oder Einschränkung von Menschenrechten darf es meiner Ansicht nach kein Schweigen geben, keine zwei unterschiedlichen Meinungen. Diesbezüglich muss unser aller Standpunkt absolut klar und eindeutig sein! »Nie wieder!« und *#NieWiederIstJetzt*!! Dabei sollten wir uns bewusst darüber sein, dass jede Art von Ausgrenzung, auch die politische, Menschen in die

Radikalität und in den Extremismus treiben kann. Daher sollten wir im Miteinander möglichst sachlich und offen bleiben für einen politischen Diskurs, sollten anderslautende Meinungen aushalten können, wenn auch nicht gutheißen.

Ich bin ein »Wende-Kind«, habe jedoch mit meinen damals elf Jahren nicht begriffen, was 1989 in Leipzig seinen Anfang nahm und was durch diese »Friedliche Revolution« sein Ende fand. Ich kann mich nur daran erinnern, dass das »Begrüßungsgeld« für mich eine große Packung Schaumküsse und einen Sony Walkman bereithielt. Dass ich 1978 in einem Unrechtsstaat (bezogen auf die staatliche Willkür) geboren worden bin, ist mir erst im Rahmen meiner eigenen Biografie-Arbeit viele Jahrzehnte später bewusst geworden. Die Hintergründe meiner Adoption zu beleuchten und aufzuarbeiten, ist in vielerlei Hinsicht schmerzhaft gewesen. Sie lassen mich auch mit der Erkenntnis zurück, dass es eine hohe Wahrscheinlichkeit gibt, dass die ehemalige Deutsche Demokratische Republik (DDR) aus ideologischen Gründen heraus eine hohe Einflussnahme auf den Verlauf meiner Adoption ausgeübt hat beziehungsweise, dass es 1981 überhaupt zu dieser gekommen ist. Weshalb ich zu dieser Annahme gelange? Für mich erweckt das Recherchieren sowohl in meiner eigenen als auch in der Vergangenheit meiner leiblichen Mutter und den damit verbundenen Gesprächen mit Ämtern sowie Zeitzeugen stark den Eindruck, dass meine alleinerziehende Mutter phasenweise nicht dem Bild der SED-Regime-seitig gewünschten Mutterrolle entsprochen hat und dies nicht ohne Konsequenzen blieb. Die generell von Staatsseite durchgeführte politische, wirtschaftliche sowie kulturelle Gleichschaltung habe ich in meiner kindlichen Realität damals ebenfalls nicht wahrgenommen. Als

Kind habe ich bis zur Wende nicht das Gefühl gehabt, dass es mir an etwas mangelt, dass ich durch etwas oder durch jemanden in meiner persönlichen Entfaltung eingeschränkt werde, dass mir etwas vorenthalten oder genommen wird. Erst die Rückschau eröffnet mir einen anderen Blick auf meine ersten Lebensjahre und die damit verbundene ideologisch-politische Gemengelage, welche womöglich einen nicht unerheblichen Einfluss auf meinen persönlichen Lebensverlauf hatte. Zu jener Zeit, als Kind, bin ich nicht handlungs- oder entscheidungsfähig gewesen. Heute, im Hier und Jetzt als Erwachsene, kann ich jedoch erkennen und mir bewusstmachen, was um mich herum geschieht. Keine Retrospektive, keine Vorausschau, sondern ein Wahrnehmen, Erkennen und Agieren in der Gegenwart. In Bezug auf den politischen Kontext sollte ich als Privatperson sowie als Bürgerin meine Sensibilitätsfühler regelmäßig überprüfen und ausrichten.

Die Menschen in der Ukraine haben bereits den 2. Kriegswinter erlebt, in zerbombten Häusern, in Kälte, in Angst um ihr Leben. Doch das Kriegsgeschehen geht medial mittlerweile fast unter, oder nehmen Sie das anders wahr? Wie präsent ist es bei Ihnen persönlich, wie bestürzt oder genervt von dieser Thematik sind Sie? Es scheint wichtiger und interessanter zu sein, welche »Strapazen« die »Stars« im Dschungelcamp durchmachen oder weshalb Prinzessin Kate 14 Tage im Krankenhaus verbringen muss oder ob der zweite Eheanlauf von Jennifer Lopez und Ben Affleck scheitern wird. Zumindest lassen wir uns von solchen News gern ablenken, seien wir ehrlich.

Der Schriftsteller und Maler Friedrich Dürrenmatt (1921-1990) äußerte einst sinngemäß, dass die Welt eine Pulverfabrik sei, in der das Rauchen nicht verboten ist. Traurig, aber wahr! Hat sich der Zustand der geopolitischen Lage im 21. Jahrhundert entscheidend geändert? Eine globale Bedrohungslage mit einer neuen »Achse des Bösen« (CRINK – China, Russland, Iran, Nordkorea) wird inszeniert. Sollte angesichts der Explosivität das Rauchen aufgegeben werden oder muss nicht vielmehr die Fabrik grundlegend »umgebaut« werden? Und trifft dies nicht auch auf unsere eigene »Innen-Welt« zu? Es bedarf einer Menge an Mut, um sich selbst und seine Umwelt in Frage beziehungsweise auf den Prüfstand zu stellen. Doch Mut zur Reflexion und letztlich Veränderung ist meiner Ansicht nach nichts, was einfach in uns ist. Mut ist etwas, das wir unser ganzes Leben lang lernen müssen, immer wieder aufs Neue. Mut steckt in jeder Entscheidung, die wir täglich treffen.

PLATZHALTER FÜR EIGENE ERKENNTNISSE UND IDEEN

KAPITEL V

SOCIAL MEDIA – S(CH)EIN ODER NICHT-S(CH)EIN, DAS IST HIER DIE FRAGE

NIMMERSATTE ZEITFRESSER UND DIE MATRIX

Kennen Sie das auch? Da Sie keine Uhr am Handgelenk tragen, bemühen Sie kurz das Smartphone, um Kenntnis über die aktuelle Uhrzeit zu erlangen. Bei dieser Gelegenheit checken Sie nur ganz kurz den Nachrichten-Status von WhatsApp oder von diversen anderen Messenger-Diensten, das macht aus Effizienzgründen durchaus Sinn. Im Anschluss unternehmen Sie noch eine klitzekleine Stipp-Visite unter anderem auf Ihr Facebook- und/oder Instagram-Profil und 30 Minuten später, nach 45 scheinbar unbewusst ausgeführten sowie nicht mehr erinnerbaren Scroll- und Wisch-Aktionen, legen Sie das Handy wieder beiseite. Sie sind damit zwar auf dem aktuellen Stand, was den zwischenmenschlichen Austausch mit Freund:innen angeht, haben das nächste Tinder-Date klar gemacht, kennen den neuesten Klatsch und Tratsch aus der Welt der Stars und Sternchen, haben grandiose Rezeptideen vorgeführt bekommen, sind auf das orthopädisch sinnvollste sowie gleichzeitig flauschigste Hundekörbchen der Welt aufmerksam gemacht worden, die Uhrzeit haben Sie aber mittlerweile schon wieder vergessen.

Was lernen Sie und ich daraus? »Social Media« sind in erster Linie nimmersatte Zeitfresser und zweitens Bestandteile einer riesigen

Werbemaschinerie. Scheinbar kostenlos, verschlingen sie unsere Aufmerksamkeit, lenken unseren Fokus, und wir nehmen diese versteckten »Kosten« nicht wahr, realisieren nicht, dass wir das *Produkt* sind und mit unserer Lebenszeit »bezahlen«. Und dennoch erliegen wir der Faszination des schönen Scheins und des personalisierten Seins von sozialen Medien beziehungsweise Netzwerken. Wir lassen uns vereinnahmen vom Potential dieser digital vernetzten Technologien, welche uns Informationen aller Art online-basiert zugänglich machen, knüpfen darüber lieber in einer virtuellen Welt soziale Kontakte statt im echten Leben.

Sind wir damit schon Teil einer Art Computersimulation geworden, fremdbestimmt, gehorchend, konsumierend, abgeschirmt von der Realität? Wie echt, unbeeinflusst, wahrhaftig und frei von Illusionen ist unsere Realität, unsere Lebenswirklichkeit? Müssten wir alle die »rote Pille« schlucken, um ›der Matrix‹ entkommen zu können, so wie Neo im gleichnamigen Film aus dem Jahr 1999? Könnte man den sozialen Medien wenigstens zugutehalten, dass sie, vor allem in diesen krisengeschüttelten Zeiten, eine Ablenkung vom ständigen ›Bad News‹-Überhang darstellen? Verhindern sie auf der anderen Seite jedoch nicht gleichzeitig, dass man sich mit wirklich wichtigen Themen beziehungsweise Nachrichten auseinandersetzt, wenn man sich stattdessen durch die 85. Zusammenstellung der 28 lustigsten Katzen-Fail-Clips einlullen lässt?

Ist das Social-Media-Konstrukt nichts weiter als ein gigantisches, soziales Vergleichsportal? Wer ist – angeblich – schöner, besser, erfolgreicher? Wer hat die größere Anzahl an virtuellen Freund:innen? Es sind Freundschaften, die im echten Leben nicht existent sind. Stellt es ein leicht zugängliches Medium dar, um Anerkennung für das (noch ausbaufähige) Selbstwertgefühl zu erhalten, gemessen an der Anzahl der Likes oder Herzen auf gepostete Bilder, Videos, Kommentare? Bekommt ebendieses Selbstwertgefühl nicht ständig eins vors Schienbein getreten, da auf Plattformen wie beispielsweise Instagram oder Tiktok die angeblich unperfekte Realität oftmals einfach weggefiltert wird?

Influencer:innen mit locker drei Kilogramm Make-up im Gesicht (oder einem entsprechenden Filter, der dies simuliert), Wimpern-Extensions, aufgespritzter Oberlippe und Botox-Dauer-Abo erzählen einem, dass man sich so lieben soll, wie man ist. Schon klar! Ich bin sowieso der Ansicht, dass eine Gesellschaft, in der Lachfältchen mit Nervengift weggespritzt werden, grundsätzlich ihre Werte überdenken sollte. Doch nicht nur im privaten Bereich dienen soziale Netzwerke zur Präsentation, zur bestmöglichen Darstellung der vermeintlich besten Version des eigenen Selbst. Die Berufswelt ist dieser Versuchung ebenfalls längst erlegen. Das digitale Marketing präsentiert sich in Hochglanz-Manier und das am besten 24/7.

GEFAHREN- UND SUCHTPOTENTIAL VERSUS POSITIVITÄT

Eine nicht zu unterschätzende Gefahr in Bezug auf den Zugang zu sozialen Netzwerken ist der Umstand, dass sie als Plattformen die Möglichkeit bieten, Gerüchte, Spekulationen, letztlich Fake News zu verbreiten. Dies wird in Zukunft durch die Verwendung von künstlicher Intelligenz (KI) sicherlich noch an Brisanz zunehmen. Bereits jetzt ist das schier grenzenlose Universum von »Social Media« ein Ort der Stimmungsmache, meiner Ansicht nach. Vor allem junge

Menschen können der unverfänglich anmutenden Fassade eines Posts oder Videos erliegen, ohne zwingend zu bemerken, dass sie politisch und insbesondere auch ideologisch gelenkt und beeinflusst werden. Populistische Influencer:innen nutzen den Umstand, dass Social-Media-Kanäle für viele Heranwachsende die einzige Informationsquelle darstellen. [54] Sind demnach YouTube, Instagram, Facebook, TikTok und Co. das moderne, hippe, digitale Einfallstor für Desinformation, Verschwörungstheorien und Hetze, die in Summe nur darauf abzielen, eine Spaltung der Gesellschaft zu forcieren, und das schon unter Jugendlichen? Müssten Eltern die Nutzungszeit und vor allem den Inhalt des Social-Media-Gebrauchs ihrer Kinder kritischer betrachten? Haben sie überhaupt Kenntnis davon, wem im Kinderzimmer auf digitalem Wege »gefolgt« wird? Ist die Nutzung für Eltern noch kontrollierbar beziehungsweise sinnhaft eingrenzbar, ohne ständig mit Verboten zu agieren?

Unabhängig von der jeweiligen individuellen Nutzungs- und Verweildauer in der Social Media-Welt lauert auf Kinder und Erwachsene in dieser virtuellen Blase eine weitere Bedrohung, welche in der realen Welt enorme Auswirkungen verursachen kann. Jedes gepostete Video oder Foto, jeder abgegebene Kommentar kann einen Shitstorm hervorrufen, sprich eine öffentliche Empörungswelle, welche zerstörerische Ausmaße annehmen kann. Die sozialen Medien mutieren in solchen Fällen schlagartig zu asozialen Medien. Es wird hemmungslos beleidigt, gehetzt und öffentlich an den Pranger gestellt. In der heftigsten Stufe eines solch öffentlichen Aufschreis schrecken manche auch nicht vor Aufrufen zu Gewalt zurück oder äußern ganz unverhohlen Morddrohungen gegenüber derjenigen/demjenigen, welche/r den

Post oder Kommentar ursprünglich initiiert hat. Dabei kann es jede/n treffen, ganz gleich, ob man eine Person des öffentlichen Lebens ist oder nicht. Social Media beziehungsweise das Internet allgemein haben die unheilvolle Macht, Existenzen zu bedrohen und sogar zu vernichten, denn durch virtuelles Mobbing können Menschen sowohl in den beruflichen Ruin als auch in den Suizid getrieben werden.

Demzufolge sollte man sich meiner Ansicht nach immer wieder ins Bewusstsein rufen, was genau man unter anderem in sozialen Netzwerken aktiv teilen sowie äußern möchte, und sollte sich über mögliche Folgen, ob gerechtfertigt oder nicht, im Klaren sein. Darüber hinaus darf nicht unterschätzt werden, dass das Internet nahezu nie vergisst. Was einmal seine Spuren im World Wide Web hinterlassen hat, ob beispielsweise als Text, Bild oder Video, verbleibt sehr wahrscheinlich bis in alle Ewigkeit in diesem digitalen Universum, es sei denn, dem Internet wird irgendwann einmal gänzlich der Stecker gezogen. Da dies auf absehbare Zeit hin vermutlich nicht passieren wird, ist eine Devise der Vorsicht angebracht. Andernfalls kann möglicherweise zu einem in der Zukunft liegenden Zeitpunkt X personenbezogener ›Content‹ Y aus der Vergangenheit, also ein durch einen selbst ins Internet gestellter Inhalt, plötzlich gegen einen verwendet werden. Was sich nach einem Dialogfetzen aus einem schlechten Krimi anhört, ist für so manchen bereits zur bitteren Realität geworden. Neben dem aktiven Teilen via Social Media ist auf der anderen Seite das schlichte passive Konsumieren ebenso als hinterfragungswürdig einzustufen. Mit jedem Klick, mit jedem ›Swipen‹ (englisch für Wischen), mit jeder Suchanfrage werden wir zu gläsernen Nutzer:innen und unser Konsum- und Freizeitverhalten wird algorithmusbasiert durchleuchtet. Bleibt man mit seinen Augen länger als fünf Sekunden an zum Beispiel einer bestimmten Internetseite oder einem bestimmten Video hängen, tauchen bei nächster Gelegenheit wie von Zauberhand Werbungsbanner mit ähnlichem Inhalt auf.

Birgt die Nutzung von Social Media ein gewisses Suchtpotential in sich? Ist das Netz eine neue und vor allem hinterlistige, Algorithmus-gesteuerte Art von Droge, ein digitales Betäubungsmittel gegen den Weltschmerz? Wie viel Nutzungszeit pro Tag ist sinnhaft? Ist der ständige Griff zum oder der permanente Blick auf das Smartphone reine Gewohnheit oder schon die erste Stufe einer ungesunden Abhängigkeit? Müssten Sie und ich uns phasenweise in »Enthaltsamkeit« üben, uns eine ›digital detox‹-Auszeit verschreiben, ein digitales Entgiften, um letztlich erst einmal festzustellen, ob wir schon im Sucht-Modus unterwegs sind? Sollten wir Smartphone, Laptop, Tablet und Co. im Selbstversuch rigoros verbannen, sie einschließen in Schrank oder Kommoden-Schublade, und dann beobachten, was es mit uns macht? Breiten sich Unruhe und eine gewisse Angespanntheit in uns aus? Verspüren wir »Entzugserscheinungen«? Haben wir das Gefühl, dass wir etwas verpassen könnten? Empfinden wir uns plötzlich als »unverbunden«? Wie fühlt es sich an, nicht ständig und sofort erreichbar zu sein auf digitalem Wege? Schaffen wir das für zehn Minuten, eine halbe Stunde, einen Tag lang, eine Woche? Kehren wir dadurch bewusster in die analoge Welt zurück? Wohin fließt dann unsere Aufmerksamkeit, was nehmen wir von und in unserer Umwelt plötzlich (wieder) wahr?

Ich möchte die sozialen Netzwerke weder vergöttlichen noch verteufeln. Außerdem kann ich gar nicht objektiv meinen Senf dazugeben, da ich eine praktizierende Nutzerin bin, und das nicht zu knapp. Ich finde es erstaunlich und bemerkenswert, was mittels der Abfolge aus ›Nullen‹ und ›Einsen‹ entstanden und aus meinem Leben (vermeintlich) nicht mehr wegzudenken ist. Allgemeiner gesprochen, das Internet, dieser Zusammenschluss aus unzähligen Computernetzwerken, die ein einziges großes Netz bilden und darüber untereinander Daten austauschen, offeriert immense digitale Möglichkeiten. Dadurch können E-Mails verschickt, Dateien heruntergeladen, Filme gestreamt, es kann auf Webseiten gesurft werden. Der Wahnsinn! Die Technik beziehungsweise Programmierung dahinter sind immer noch so unbegreiflich beziehungsweise nicht fassbar für mich wie die Weiten des Weltalls. Nun gut, Astronomie ist noch nie so mein Steckenpferd gewesen, die Erkundung fremder Galaxien überlasse ich gern weiterhin der Besatzung des Raumschiffs Enterprise (na, summen Sie auch gerade die Intro-Musik zur Serie mit Captain Kirk und Mister Spock vor sich hin?). So erfreue ich mich lieber einfach daran, was die digitale Vernetzung grundsätzlich möglich und mir persönlich zugänglich macht, denn das beinhaltet durchaus Positives. Es gibt Podcasts und/oder Videos zum Beispiel, die Hilfestellung sowie Unterstützung bieten in Bezug auf physische und psychische Gesundheit. Darüber hinaus kann online jederzeit im www-Wissenslexikon »nachgeschlagen« werden, um die eine oder andere Bildungslücke zu schließen und um vergessenes Wissen aus Schulzeiten aufzufrischen. Suchmaschinen und soziale Netzwerke tragen dazu bei, »vermisste« Menschen wiederzufinden, sei es die erste Sandkastenliebe, die verschollen geglaubte Lieblingstante, jemanden aus der Herkunftsfamilie, mit dem man aus welchen Gründen auch immer nicht aufwachsen konnte, oder auch die beste Schulfreundin ever. Für die Beziehungspflege ist bei großen geografischen Entfernungen die Nutzung von Social Media sinnhaft und mitunter zunächst das einzige Mittel der Wahl, um in Verbindung sein und bleiben zu können. Das ist absolut legitim und wir dürfen dankbar sein für diese technische Errungenschaft, finde ich. Voraussetzung hierfür sind die ausreichende Stabilität und insbesondere die grundsätzliche Verfügbarkeit von ›mobilen Daten‹ oder WLAN, denn ohne ein Internetsignal nützt einem die beste ›Smart‹-Technik nichts.

Begeistert uns an Social Media gleichzeitig aber auch die scheinbare Unverbindlichkeit? Ein ›Folgen‹ und ›Entfolgen‹ ist auf ganz einfache Art und Weise möglich, es bedarf nur eines Klicks. Ist damit die Hemmschwelle niedriger als »face-to-face«, also von Angesicht zu Angesicht, eine Verbindung einzugehen oder zu kappen? Stellen hierfür prominente Personen ein schlechtes Vorbild dar? Das Ende von Promi-Beziehungen wird meist auch durch das Entfolgen auf Instagram sowie durch das Löschen der dort bisher ausgiebig zelebrierten Pärchen-Bilder bekanntgegeben. Gibt das der Social-Media-Knigge als Handlungsempfehlung vor? Schöne neue App-initiierte Welt! Erlaubt uns das Hopping zwischen den Plattformen eine Flucht aus der Realität, aus unserem eigenen, mitunter als grau und eintönig empfundenen Leben? Eine Flucht, die wir (unbewusst) dankend annehmen? Wir tauchen ein in die Missgeschicke anderer, wir erhalten Einblick in den ach so tollen, aufregenden, buntgefächerten »Alltag« anderer und sollten uns dabei zumindest fragen, wie viel Drehbuch- sowie Dramaturgie-Arbeit in und hinter all dem steckt.

Wie viel von unserer kostbaren Lebenszeit verbringen wir in der digitalen Welt, in und mit (sozialen) Medien? Wie viel von unserer begrenzten Lebenszeit widmen wir dem real stattfindenden, also in körperlicher Präsenz und Anwesenheit stattfindenden Kontakt mit geliebten, wertgeschätzten, uns wohlwollenden Menschen? Meiden wir letzteres, weil wir gar nicht mehr fähig sind, in einer Mensch-Mensch-Konstellation tiefe und echte Verbundenheit zuzulassen, geschweige denn sie zu spüren? Haben wir schlichtweg Angst davor? Angst zu vertrauen, uns zu zeigen, uns zu offenbaren? Bedeutet in-Beziehung-zu-treten Gefahr? Weil jemand an der äußeren, funktionalen und automatisiert-mechanisch-funktionierenden Hülle rütteln könnte, mit der wir unseren verletzten, inneren Kern beschützen?

Sind gute zwischenmenschliche Beziehungen nicht aber der Schlüssel zu mehr Wohlbefinden und damit zu einem glücklicheren Leben? Die ›Harvard University‹ (Cambridge, Massachusetts, USA) hat in einer Langzeitstudie genau dies bestätigt. [55] Beginnend im Jahr 1938, sind über 80 Jahre lang circa 2000 Menschen aus drei Generationen begleitet, regelmäßig befragt sowie untersucht worden, um die Fundamente menschlichen Wohlbefindens zu ergründen. Medien tragen mitunter dazu bei, falsche beziehungsweise verzerrte Vorstellungen vom Glücklichsein zu transportieren. Glück wird oft wie ein Preis betrachtet, den man sich mit Leistung und Selbstoptimierung erarbeiten und verdienen muss, oder als ein finales Ziel, bis zu dessen Erreichung zahlreiche Hindernisse überwunden werden müssen. Erfolg im Beruf, eine gewisse finanzielle Sicherheit, ausreichend Bewegung oder gesunde Ernährung – all das ist zwar nicht unwichtig für die Zufriedenheit mit dem eigenen Leben. Laut dem aktuellen Studienleiter, Robert Waldinger, sind jedoch gute Beziehungen, in denen man einander unterstützt, sich geschätzt und nicht ausgebeutet fühlt, der entscheidende Faktor für ein als glücklich empfundenes Leben und somit das überraschende Resümee aus diesem Langzeit-Forschungsprojekt. Unter Beziehungen sind dabei nicht nur Paarbeziehungen zu verstehen, sondern auch familiäre sowie freundschaftliche Beziehungen, der »gute Draht« zu Kolleg:innen und Nachbar:innen, oder auch einfach Zufallsbegegnungen.

DEN SOZIALEN MUSKEL TRAINIEREN

Es empfiehlt sich, den »sozialen Muskel« regelmäßig zu trainieren, um aus eventueller Isolation und Abgestumpftheit zurück zu dauerhafter Freude zu finden. Es ist ein Investment, das sich vielleicht nicht immer und sofort auszahlt, um es jetzt mal ganz profan in der Banker-Sprache auszudrücken. Als Menschen stehen wir uns oft selbst im Weg, begehen Fehler, sind geprägt durch unsere Erfahrungen und von erlebten Verletzungen, vor allen Dingen im zwischenmenschlichen Bereich. So müssen wir uns in Bezug auf die »soziale Fitness« vielleicht genauso überwinden, aufraffen und motivieren, so wie es uns mit dem Murmeltier-artig wiederkehrenden Vorsatz für die körperliche Fitness und dem damit verbundenen Besuch des Fitness-Studios ergeht. Und das Beste daran – für den »sozialen Muskel« ist keine stickige, verschwitzte Muckibude notwendig. Ein freundliches Wort zu einer fremden Person auf der Straße, ein kurzes Gespräch im Treppenhaus mit der alleinstehenden Nachbarin, ein Ausflug mit Menschen, die man für selbstverständlich hält, sich bei jemandem melden, den man vermisst und gerne wiedersehen möchte. Um einen Gruß persönlicher zu gestalten, wie wäre es mit einer Sprach- anstelle einer Textnachricht? Oder wie wäre es, in Konversationen mit Mitmenschen einfach mal ein Lächeln einzustreuen an passender Stelle? Es sind die einfachen und kleinen Dinge, die wir wagen können, um uns (wieder) verbunden zu fühlen, denn es ist nie zu spät, gute Beziehungen einzugehen und zu pflegen. Doch dies ist ein Prozess, eine wiederkehrende Entscheidung, ein lebenslanges Wollen.

»Sein oder Nichtsein, das ist hier die Frage«, ist ein durchaus als berühmt anzusehender Satz eines Monologes aus William Shakespeares Tragödien-Stück »Hamlet« (Shakespeare, 1603). Dieser Satz wird oft zitiert, wenn es um die innere Zerrissenheit geht, in Situationen, die für jemanden existenziell von Bedeutung sind. Erlauben Sie mir daher die folgenden Fragen: Sind Social Media für die heutige Zeit als existenziell, also lebenswichtig und damit lebensnotwendig anzusehen? Gibt es ein reales Sein auf diesen Plattformen oder beinhalten sie jeweils lediglich eine Scheinwelt, eine gut gepuderte Fassade, die das dahinterliegende Gerüst aus Oberflächlichkeit und inhaltsloser Effekthascherei verbirgt? Wie sollte ein sinnvolles, bereicherndes digitales Vernetzen aussehen, für Sie, für mich? Wie exzessiv, wie ausufernd, wie stark Lebenszeit-verschlingend darf und sollte die Nutzung dieser Medien sein? Welchen Einfluss auf mein Verhalten und Denken gestehe ich den Inhalten aus sozialen Netzwerken zu? Welche Rolle sollen sie in meinem Alltag spielen? Welche (Theater-)Bühne gebe ich ihnen schlussendlich? Diese Sinnfragen mögen sicher nicht so bedeutend und tiefgreifend sein, wie die, mit welchen sich Hamlet konfrontiert gesehen hat. Im Zusammenhang mit dem Gebrauch von sozialen Medien geht es vordergründig nicht um Leben oder Tod, sofern man eine potenzielle Thrombose- und dadurch Lebensgefahr infolge von stundenlangem, ununterbrochenem Auf-dem-Sofa-Lümmeln unberücksichtigt lässt. Dennoch sollten wir uns das Manipulationspotenzial, welches beispielsweise in TikTok, Instagram, Facebook oder diversen Messenger-Diensten steckt, immer wieder ins Bewusstsein rufen. Wir sollten wiederkehrend kritisch betrachten, was sich über unsere Augäpfel und Ohrmuscheln Zugang zu unserem Geist sowie Verstand verschafft, und ab und zu einfach auch mal das Smartphone beiseitelegen. Wir werden feststellen, dass wir weiter existieren, surprise, surprise!

Vielleicht ist es an der Zeit, die sozialen Medien, zumindest hin und wieder, durch echte soziale Begegnungen zu ersetzen und damit ein aktives Miteinander zu gestalten. Sich sozial zu engagieren, ehrenamtlich tätig zu werden, sich einzubringen in Bereiche wie beispielsweise Tier- und Umweltschutz oder Nachbarschaftshilfe im »Kiez vor der Haustür«, sich auf seine eigenen Talente zu besinnen und diese auch auszuleben – wären das nicht gute Möglichkeiten, damit wir in unsere Selbstwirksamkeit zurückfinden? Wertschätzung geben und empfangen, indem wir als soziale Wesen auch wahrhaftig sozial agieren, kann überaus sinnstiftend und bereichernd sein. Eine schöne Vorstellung, finde ich, und gar nicht mal so unrealistisch. Einfach machen. Machen ist wie wollen, nur krasser. In diesem Sinne, packen wir's an!

PLATZHALTER FÜR EIGENE ERKENNTNISSE UND IDEEN

EPILOG

Statistisch gesehen liegen noch knapp 40 Lebensjahre vor mir. Ich bin kinderlos, müsste mir daher an sich nur um meine eigene persönliche Zukunft, um mein eigenes Wohlergehen Gedanken machen. Vermutlich habe ich zudem das »Glück«, das Ende unseres wundervollen Planeten nicht live miterleben zu müssen. Die Apokalypse scharrt zwar mit den Hufen, könnte man meinen, sie wird aber sicherlich nicht mehr während meiner irdischen Verweildauer losbrechen.

Ich lebe, wie zu Anfang erwähnt, in Leipzig und somit auf einem grundsätzlich erdbebensicheren Flecken Erde. Die Wohnsiedlung ist überschwemmungssicher, die Hausmauern sind nicht aus Pappe, eine Versicherung gegen Elementarschäden ist vorhanden. Somit könnte ich mich entspannt in meinen imaginären Schaukelstuhl zurücklehnen und recht unbekümmert zuschauen, was zum Beispiel klimatechnisch so in den nächsten Jahren abgehen wird. Wenn das dicke (oder verbrannte oder ausgetrocknete oder doch eher überflutete) Ende kommt, treiben meine sterblichen Überreste maximal als Asche-Flocken auf der Wasseroberfläche der Ostsee aufgrund meines bereits vorsorglich organisierten und bezahlten Seebestattungs-Paketes. Aber halt, stopp! Gibt es die Ostsee in 40 Jahren noch? Ist sie bis dahin ausgetrocknet? Oder ist Leipzig bis dahin selbst ein Küstenort? Die Welt ächzt unter unserer Menschenlast. Fast könnte man denken, die Elemente verschwören sich, und dies über den ganzen Globus verteilt.

Der ständig verfügbare beziehungsweise manchmal ungefragt über einen hereinbrechende Fakten- und Informationsüberfluss ängstigt, lähmt. Man wird wirr im Kopf, schafft es nicht (mehr) zu filtern.

Zu einem eigenen Standpunkt zu gelangen, ist immens schwer geworden, da sowohl jede ›Good News‹ als auch jede ›Bad News‹ uns beeinflusst, wir Widersprüchliches identifizieren müssen. Wenngleich der eigene gedankliche Filterungsprozess mitunter in einer Sackgasse enden mag, dies darf nicht zu einer Mentalität führen im Sinne: »Die anderen werden es schon richten.« Solch eine Herangehensweise des Individuums potenziert sich meiner Meinung nach in negativer Weise in einer Gesellschaft, so dass kein wirklicher Wandel einsetzen kann. Eine reine Verantwortungsverlagerung ist diese Sichtweise, mehr nicht! Es ist leicht, zu behaupten, das Außen ist schuld an dem, wie es mir geht, wie ich mich fühle. Und meistens wird alles tendenziell als schlecht(er) empfunden. Falls Sie glauben, dass Sie zu »klein« sind, um etwas zu bewirken, dann stellen Sie sich bitte kurz vor, wie es ist, einschlafen zu wollen, wenn eine Mücke mit im Raum ist.

Autonomiedenken versus Gemeinschaftsgefühl, Kooperation statt Konkurrenz – können wir Herausforderungen, die von außen kommen und wirken, nur als Gemeinschaft dauerhaft bewältigen? Corona hat diese menschliche Fähigkeit, diese soziale Ader, kurz aufleuchten lassen. Auch wenn es Kontaktbeschränkungen gegeben hat, wir sind im Umgang miteinander »inniger« gewesen, empathischer, so erschien es mir zumindest am Anfang der Pandemiezeit. Unter anderem die Maskenpflicht, das Homeschooling, der Klopapiermangel und die Impfdebatte haben im Verlauf dieser sowohl individuell als auch gesellschaftlich herausfordernden Zeitspanne leider zu einem »Wir« gegen »Die« beigetragen. Wir sind somit in altbekannte Muster zurückgefallen. Sollte diese Erfahrung, das daraus entstehende Lernen, die Reflexion aus dem »Was lief gut?« und »Was hätte besser laufen können« für uns jedoch nicht Ansporn und gleichzeitig unser Anspruch sein? Ist die lateinische Bezeichnung des Menschen als ›Homo sapiens‹ noch gerechtfertigt? Agieren wir – dem Wort ›sapiens‹ entsprechend – *verständig, vernünftig, klug, weise, einsichtsvoll?* Vor allem an den beiden Worten ›weise‹ und ›einsichtsvoll‹ bleibt mein Verstand kopfschüttelnd hängen. Wir sind die (wahrscheinlich einzige) Spezies, die wissentlich und willentlich ihre Nahrung eigenhändig vergiftet, ihre Lebenselixiere Wasser und Luft in lebensbedrohlichem sowie existenzgefährdendem Maße verunreinigt. Gibt es in unseren Köpfen und Herzen eine Bewusstwerdung über die Dringlichkeit für ein generelles Umdenken und schlussfolgernd ein Handeln, nicht nur bezogen auf den Umweltschutz oder Klimawandel? Wie wäre es, ohne Eigennutz, für zukünftige Generationen tatsächlich etwas zu verändern und bewirken zu wollen, ganz gleich, ob es eigene direkte Nachkommen gibt?

»Jedes Mal, wenn ich ein Kind sehe, denke ich über die Welt nach, die wir diesem Kind hinterlassen.«
THICH NHAT HANH

Mir scheint, als müssten wir mit uns selbst in den Innenfight gehen, besser gesagt in Friedensverhandlungen mit uns selbst. Stattdessen kämpfen wir im Außen. Es gibt zu viele verletzte innere Kinder, die ihre Seelen-Heimat zu irgendeinem Zeitpunkt verloren und noch nicht wiedergefunden haben. Traumata aus Vorgenerationen stecken oftmals zusätzlich in unseren Knochen und Genen. Traumata, die meist nicht (an-)erkannt, bearbeitet, geschweige denn aufgelöst werden.

Wir schaffen es mitunter, Mitgefühl für andere zu haben, aber uns selbst gegenüber begegnen wir oftmals mit Kälte, Wut, Unnachgiebigkeit. Wir denken, dass wir fühlen. Wie abgefahren ist das bitte? Wirkliches Fühlen kann nur im und mit dem eigenen Körper stattfinden, nicht mit dem Verstand. Doch ausschließlich mit diesem versuchen wir uns die Wissens- und Gefühlsebene zu erschließen, bis wir schlussendlich »erwachen«. Es gibt den Tag, an dem wir geboren werden und uns das Leben geschenkt wird. Und es gibt den Tag, an dem wir beginnen, wirklich zu leben, wirklich zu begreifen. Aber vielleicht gibt es nicht nur diesen *einen* Tag. Befinden wir uns nicht vielmehr in einem mäandernden Zeitfluss? Hinter jeder Biegung wartet die Chance auf Erkenntnis, die Chance auf Neuausrichtung, die Chance auf Heilung, die Chance auf Wiederentdeckung und Neuentdeckung des eigenen Ichs. Wenn wir uns selbst erkennen, uns selbst friedvoll und sicher fühlen, uns selbst wieder wahrhaftig spüren, schaffen wir die Grundlage, um diese innere Stabilität ins Außen tragen zu können, zu unseren Mitmenschen, in die Gesellschaft. Weniger abgestumpft zu sein, beginnt bei jedem selbst. Sich immer wieder neu zu justieren, in Bezug auf die eigenen Überzeugungen und Grundwerte, diese zu hinterfragen, wenn nötig, ist unsere Aufgabe. Es geht nicht darum, Pseudo-Pluspunkte für das persönliche Karma-Konto zu sammeln, indem man nur so tut, als ob. Sich beispielsweise ehrenamtlich zu engagieren, einen gesellschaftlichen Beitrag zu leisten, sollte nur passieren, wenn es eine ehrliche Herzensangelegenheit ist, kein Ego-Trip, damit das verletzte beziehungsweise vernachlässigte innere Kind Bewunderung erfährt. Bewunderung bedeutet nicht, seine innere Heimat zu finden. Es geht vielmehr um Begegnung – um eine ehrliche

Begegnung mit sich selbst und im sozialen Kontext. Es geht darum, nicht länger durch (ausschweifenden) Konsum, Social Media, diverse Betäubungsmittel, Adrenalin-Kicks oder durch welche Ablenkungsart auch immer wie ferngesteuert das eigene Leben Tag für Tag ähnlich einer To-Do-Liste einfach nur abzuhaken. Stattdessen mit offenen Augen und einem offenen Herzen das Leben nehmen, es fühlen, es wollen und wertschätzen.

Wäre die Wiederentdeckung von Kreativität ein gangbarer Weg, um aus dem Gemütszustand der Abgestumpftheit herauszufinden? Ein breitgefächertes kreatives Tun anzubieten sowie zu fördern, insbesondere während der Schulzeit, würde viel dazu beitragen, flüstert mir mein Bauchgefühl zu. Anstatt durch stures Auswendiglernen von beispielsweise Vokabeln oder mathematischen Formeln die Kinderseelen »zu verkopfen«, könnten beispielsweise Sport, Musik und bildende Künste die Fantasie sowie Neugier anregen und diese (ver-)stärken, damit ein lebendiges Interesse an den Zusammenhängen und Abhängigkeiten im Kreislauf des Lebens entstehen kann. Solch ein ursprünglich kindliches Interesse, welches in das Erwachsenenalter hinüberwächst, wäre für eine positive gesellschaftliche Entwicklung bedeutsam. Das Lernen und Erfahren von Neuem nicht nur mit dem Kopf zu bewerkstelligen, sondern auch immer wieder mit dem Resonanzraum unseres eigenen Körpers wahrhaftig zu spüren, und das von Kindesbeinen an, könnte die Welt verbessern.

Würde man der Gleichgültigkeit das negative Image nehmen, indem man die Wortbedeutung neu denkt und interpretiert? So geschehen durch Cordula Stratmann und Carl Josef in der für mein

Empfinden wunderbaren und sehr gelungenen Interview-Reihe #undwarumbistduhier von Annette Frier. [56] Gleich-*gültig* neu verstehen, und zwar im Sinne von gleich-*wertig*, gleich-*berechtigt*. Sind wir bewusst gleichgültig, weil wir der Ansicht sind, dass »andere« (Menschen/Lebewesen allgemein) nicht denselben Wert wie wir selbst haben? Kann man Gleichgültigkeit und Abgestumpftheit wieder »ver-lernen« ähnlich wie Hass? Sind wir Menschen doch *Im Grunde gut* (Bregman, 2021)?

Meine Ausführungen in diesem Buch münden wahrlich nicht in *den* ultimativen Lösungsbaukasten. So viel Realismus gestehe ich mir zu. Und es fühlt sich für mich persönlich auch immer noch etwas nach: »Da steh ich nun ich armer Tor! Und bin so klug als wie zuvor; [...]« (Goethe, J. W., Faust. Der Tragödie Erster Teil, 1808) an. Meine Überlegungen sind eher als eine Art Kompassnadel zu verstehen. Sie zeigt an, wohin sich meine und Ihre Gedanken ausrichten könnten, um anschließend eigene Wege zu gehen, um gegebenenfalls neue Pfade zu beschreiten, um sich erstmalig oder wiederkehrend zu positionieren und sich dabei immer wieder zu fragen:

Was will ich?
Für wen oder was stehe ich ein?
Wer bin ich wirklich, wenn ich mich in die Tiefen meiner Seele vorwage?
Was und wen erkenne ich, wenn ich mich vor mir selbst schonungslos entblättert habe?
Wer und wie möchte ich zukünftig sein?

»Wer nicht weiß, in welchen Hafen er will, für den ist kein Wind ein

guter.«

(UNBEKANNT)

Aus Selbstreflexion und vor allem aus tiefer Eigenverantwortung heraus kann eine machtvolle Eigeninitiative entstehen, mit welcher wir uns in dieser Gesellschaft eine Stimme geben können, mit welcher wir Gesicht zeigen, mitgestalten und uns einbringen können – für die eigene Generation und zukünftige. Ich finde, wir sollten uns zunächst selbst vergeben, Teil eines »alten«, gegebenenfalls falschen Überzeugungssystems gewesen zu sein. Diese durchaus schmerzhafte Erkenntnis dürfen wir betrauern. Erst dann öffnen wir für uns selbst die Tür zu Neuem, zu neuen Überzeugungen in den verschiedensten Lebens- und Themenbereichen, die aus unserer eigenen Mitte kommen, die stimmig sind mit unserem Ich, mit unserer Identität. Aus uns selbst heraus geboren, nicht von außen übergestülpt. Klingt es nicht abenteuerlich und fühlt es sich nicht zugleich belebend an, die eigenen Ecken und Kanten zu entdecken beziehungsweise zu formen? Trauen wir uns doch einfach, weniger fremdbestimmt, weniger »mainstream« zu denken und zu handeln. Wenn sich die schätzungsweise circa 6 Milliarden Erwachsenen auf diesem Erdball jeweils fragen würden, ob jede/r von ihnen einen Unterschied ausmachen kann, und jede/r diese Frage mit »JA!« beantwortet, dann ließe sich doch eine Menge bewegen im positivsten Sinne. Lassen Sie uns mutig und neugierig sein. Lassen Sie uns Steine ins Rollen bringen, in uns selbst und anschließend in unserem sozialen Umfeld. Lassen Sie uns Beginner sein...

»Damit das Mögliche entsteht, muss immer wieder das Unmögliche versucht werden.«

HERMANN HESSE

ERLÄUTERUNG COVER-MOTIV

Das japanische Gleichnis der drei weisen Affen [57]

In meine Überlegungen, wie das Cover dieses Buches ausschauen könnte, schlichen sich recht schnell die drei Äffchen-Emoticons, welche man zum Beispiel unter den WhatsApp-Symbolen finden kann. Wenngleich die Bedeutung und damit Verwendung dieser Emojis höchst individuell und eine persönliche Auslegungssache ist, lässt sich eines zumindest visuell unbestreitbar ableiten:

- Es gibt den ersten Affen, der seine Augen bedeckt.
- Es gibt den zweiten Affen, der seine Ohren bedeckt.
- Es gibt den dritten Affen, der sich den Mund zuhält.

Für mich steht dies sinnbildlich für:

- nichts sehen (wollen)
- nichts hören (wollen)
- nichts sagen (wollen)

Genau diese Interpretation soll das Cover-Motiv verdeutlichen, gleichbedeutend für Ignoranz, mangelnde Zivilcourage und Feigheit. Schlechtes wird zwar wahrgenommen, jedoch ignoriert, um nicht selbst einschreiten oder tätig werden zu müssen. Oder mit anderen Worten ausgedrückt – eine Wahrheit nicht zu sehen, zu hören oder auszusprechen, um die eigenen persönlichen Interessen nicht zu gefährden sowie die eigene Komfortzone nicht verlassen zu müssen.

Es sei der Vollständigkeit halber angemerkt, dass die Darstellung der drei Affen auf ein Sprichwort beziehungsweise eine Schnitzerei zurückzuführen ist. Mit dem Toshogu-Schrein, welcher sich in der japanischen Stadt Nikko in der Präfektur Tochigi befindet, wird der berühmte Samurai-Führer Tokugawa Ieyasu verehrt. Die mit Abstand berühmteste Schnitzerei des Schreins ist die mit den drei weisen Affen.

Der erste »sieht nichts Böses«, der nächste »spricht nichts Böses« und der dritte »hört nichts Böses«.

DANKSAGUNG

Danke für Ihre Aufmerksamkeit sowie Ihre Bereitschaft, mich auf meiner Horizont-erweiternden Reise zu begleiten. Es freut mich, wenn wir an der ein oder anderen Stelle bereits in dieselbe Blickrichtung geschaut haben.

Ulrike Tulka danke ich herzlich für ihre Unterstützung in Bezug auf Korrektorat sowie Lektorat und damit für den letzten Schliff.

Meiner Ehefrau Jacqueline, meiner Weggefährtin seit 22 Jahren, danke ich aus tiefstem Herzen für ihre bedingungslose Liebe. Du bist mein Zuhause, und noch so viel mehr!

Auchan, mein treuer, vierbeiniger, leichtfüßig tänzelnder Freund – danke für dein Sein an meiner Seite, du fehlst!

ÜBER DIE AUTORIN

 Sandy Graf, Jahrgang 1978, verheiratet, lebt mit ihrer zwei- und vierbeinigen Familie in Leipzig und arbeitet als Wirtschaftsfachwirtin seit über 10 Jahren im Energiesektor.

Die Autobiographie »Adoptierte Indianer kennen keinen Schmerz, oder doch?«, erschienen im August 2022 im DeBehr Verlag, ist ihr Debütwerk. Ballsport jeglicher Art begeistert sie, insbesondere, wenn das Runde in das Eckige muss. Sie ist ehrenamtlich tätig in der Selbsthilfe zu den Themenfeldern Adoption und DDR Wochenkrippe.

Für Feedback, Anmerkungen & Dialog:
Generationabgestumpft@t-online.de
Instagram: @SandyGraf.Autorin

LITERATUR- / QUELLENVERZEICHNIS

BÜCHER

Enders, G. (2019). Darme mit Charme. Berlin, Ullstein Buchverlage GmbH

Lunde, M. (2019). Die Geschichte des Wassers. München, btb Verlag in der Verlagsgruppe Random House GmbH

Bregman, R. (2021). Im Grunde gut: eine neue Geschichte der Menschheit. Hamburg, Rowohlt Taschenbuch Verlag

DOKUMENTATIONEN/FILME

Forte, L. & Saldanha, C. (2006). Ice Age 2 – Jetzt taut's. USA, 20th Century Fox/Blue Sky Studios/Fox Animation Studios

Shamberg, S., Sher, S., Jacobs, G. & Soderbergh, S. (2011). Contagion. USA/Vereinigte Arabische Emirate, Warner Bros./Participant Media/Imagenation Abu Dhabi/Double Feature Films/Regency Enterprises

Emmerich, R., Gordon, M. & Emmerich, R. (2004). The day after tomorrow. USA, Centropolis Ent./Lions Gate/Mark Gordon Company

Morris, J., Lasseter, J., Collins, L. & Stanton, A. (2008). WALL·E: Der Letzte räumt die Erde auf. USA, Pixar Animation Studios/Walt Disney Pic.

Dunkhase, H. & Wylie, L. (1963). Der 90. Geburtstag oder Dinner for One. Deutschland, Norddeutscher Rundfunk

Delforce, C., Monson, S., Lynch, M., Jayne, L. & Delforce, C. (2018). Dominion. Australien, Farm Transparency Project

Cappelli, R. & Kuhn, K. (2022). Slay. Hong Kong/USA, Let us be Hereos/First Spark Media

Lehmann, R. M., Strieder, C. & Busemann P. E. & Liesefeld, J. (2023). Schwein – Nach diesem Video wirst DU dich schämen ein Mensch zu sein. Deutschland, Mission Erde e.V.

Walter, C., Kampling, K. & Becker, K, & Wärnke, B. (2023). Tierversuche an Hunden: Das Leiden im Labor. Deutschland, Norddeutscher Rundfunk

Hoesch, L. & Körner, T. (2021). Schwarze Adler. Deutschland, Broadview TV

Spielberg, S., Gibney, A. & Gandbhir, G. & Pollard, S. (2019). Warum wir hassen. USA, Amblin Television/Jigsaw Productions

ZITATE

Wolf Biermann

Arthur Schopenhauer

Jane Goodall

Konrad Adenauer

Egon Bahr

William Shakespeare

Thich Nhat Hanh

Johann Wolfgang (von) Goethe

Hermann Hesse

LIEDER

Lindenberg, U. (1972) Hoch im Norden / Album Daumen im Wind

Die Fantastischen Vier (1999) / MFG – Mit freundlichen Grüßen /
Album 4:99

Grebe, R. (2005) Brandenburg / Album Rainald Grebe & die Kapelle
der Versöhnung

LINKS

[1]   https://www.umweltbundesamt.de/sites/default/files/medien/1410/publikationen/uba_hg_silvesterfeuerwerk_nov_2022_bf.pdf

[2]   https://www.n-tv.de/panorama/Brasilien-Amazonas-Regenwald-unter-Bolsonaro-in-Hoechsttempo-abgeholzt-neuer-Rekord-im-April-article23315897.html#:~:text=1000%20Quadratkilometer%20im%20April%20Brasilien%20holzt%20Amazonas%2DRegenwald%20in%20Rekordtempo%20ab&text=Berlin%20hat%20eine%20Fl%C3%A4che%20von,Amazonaswald%20verschwinden%20allein%20im%20April.&text=Schon%20im%20April%20vor%20einem,wie%20in%20keinem%20April%20zuvor

[3]   https://www.geo.de/natur/oekologie/amazonas-gebiet-stoesst-mehr-co2-aus--als-es-bindet-30510406.html

[4]   https://www1.wdr.de/nachrichten/amazonas-regenwald-brasilien-bedeutung-klima-100.ht

[5]   https://www.t-online.de/nachrichten/panorama/katastrophen/id_92124950/riesige-waldbraende-in-russland-aber-wer-soll-sie-loeschen-.html

[6]   https://www.umweltbundesamt.de/sites/default/files/medien/357/dokumente/klimagefahr_durch_tauenden_permafrost.pdf

[7]   https://www.nabu.de/umwelt-und-ressourcen/klima-und-luft/klimawandel/06740.html

[8]   https://www.spiegel.de/wissenschaft/mensch/

kobalt-aus-dem-kongo-hier-sterben-menschen-fuer-unsere-e-autos-a-1291533.html

[9]   https://www.rbb24.de/studiofrankfurt/
        wirtschaft/2023/09/brandenburg-tesla-gruenheide-tesla-
        wasser-wasserverband-abwahl.html

[10]   https://www.zeit.de/wissen/umwelt/2023-04/italien-
        gardasee-wassermangel-trockenheit

[11]   https://www.dw.com/de/macron-legt-wasser-sparplan-
        vor/a-65186897

[12]   https://www.tagesschau.de/wissen/schweiz-gletscher-
        extremjahr-100.html

[13]   https://www.n-tv.de/wirtschaft/Global-Climate-Coalition-
        im-Klima-Labor-Die-Anti-Klimakampagne-der-US-Industrie-
        article23323943.html

[14a]   https://www.arte.tv/de/videos/095731-001-A/klima-
        im-wuergegriff-der-oelkonzerne-1-2/

[14b]   https://www.arte.tv/de/videos/095731-002-A/klima-
        im-wuergegriff-der-oelkonzerne-2-2/

[15]   https://www.watson.de/nachhaltigkeit/
        exklusiv/310420108-nur-115-tage-leben-sogar-bio-
        landwirtschaft-stellt-vegetarier-vor-ein-dilemma

[16]   https://www.aok.de/pk/magazin/ernaehrung/
        ernaehrungsformen/laktoseintoleranz-symptome-und-
        behandlung/#:~:text=Laktoseintoleranz%20ist%20eine%20
        Unvertr%C3%A4glichkeit%2C%20von,nur%20weniger%20
        als%20f%C3%BCnf%20Prozent.

[17]   https://www.n-tv.de/panorama/Daenemark-laesst-alle-
        Nerze-notschlachten-article22147665.html.02.23

[18]   https://www.peta.de/themen/pelz/

[19] https://www.faz.net/aktuell/gesellschaft/tiere/faeroeer-inseln-jaeger-toeten-mehr-als-1400-delfine-an-einem-tag-17537761.html

[20] https://www.landwirtschaft.de/landwirtschaft-verstehen/haetten-sies-gewusst/tierhaltung/wie-lange-leben-rind-schwein-schaf-und-huhn#:~:text=%22Rinder%20k%C3%B6nnen%20ein%20Alter%20von,werden%20maximal%20zw%C3%B6lf%20Jahre%20alt.

[21] https://www.youtube.com/watch?v=V7DrljVAaYk

[22] https://www.slay.film/home

[23] https://www.youtube.com/watch?v=L4XFCuFbiOY&t=1384s

[24] https://www.youtube.com/watch?v=baYcV1BfUtI

[25] https://www.youtube.com/watch?v=wsILcGu6nc8

[26] https://www.anonymousforthevoiceless.org/

[27] https://www.bundestieraerztekammer.de/tieraerzte/qualzuchten/

[28] https://www.tieraerztekammer-berlin.de/images/qualzucht/2019-QuII-PK-Kurzberichte.pdf

[29] https://www.bundeswehr.de/de/aktuelles/meldungen/evakuierung-afghanistan

[30] https://www.sueddeutsche.de/politik/iran-sie-sind-so-frei-1.3851232

[31] https://www.bundestag.de/dokumente/textarchiv/2022/kw17-kalenderblatt-gleichberechtigungsgesetz-504286

[32] https://www.bmfsfj.de/resource/blob/16236 4/03ad8ec5be09355a08eb2eb30d6cf1b7/

cedaw-mit-recht-zur-gleichstellung-handbuch-zur-
frauenrechtskonvention-der-vereinten-nationen-data.pdf

[33]   https://menschenrechte-durchsetzen.dgvn.de/
fileadmin/user_upload/menschenr_durchsetzen/bilder/
Menschenrechtsdokumente/2.1_Wiener_Erklaerung_und_
Aktionsprogramm_web.pdf

[34]   https://www.bka.de/SharedDocs/Downloads/
DE/Publikationen/JahresberichteUndLagebilder/
Partnerschaftsgewalt/Partnerschaftsgewalt_2021.
html?nn=63476

[35]   https://www.bmfsfj.de/bmfsfj/aktuelles/presse/
pressemitteilungen/haeusliche-gewalt-im-jahr-2022-
opferzahl-um-8-5-prozent-gestiegen-dunkelfeld-wird-
staerker-ausgeleuchtet-228400

[36]   https://www.welt.de/politik/deutschland/
article205637599/Gewalt-gegen-Homosexuelle-Fuer-
einen-Kuss-ins-Gesicht-getreten.html

[37]   https://www.geo.de/reisen/reiseziele/economist-kuert-
die-lebenswertesten-staedte-der-welt-2022-31976244.html

[38]   https://www.eiu.com/n/campaigns/global-liveability-
index-2022

[39]   https://www.grimme-preis.de/archiv/2020/
preistraeger/p/d/prince-charming-seapoint-productions-
fuer-tvnow

[40]   https://www.fr.de/sport/fifa-sanktionen-wm-2022-
one-love-binde-fussball-news-katar-bedeutung-
kapitaensbinde-91929550.html

[41]   https://www.bpb.de/mediathek/video/517485/
schwarze-adler/

[42]   https://www.ardmediathek.de/video/ard-wissen/

legendaere-experimente-robbers-cave-3-3/das-erste/Y3Jp
ZDovL3dkci5kZS9CZWl0cmFnLXNvGhvcmEtNWNjZDQ
1NmEtNWIxZS00YzEyLThiZjUtYjVjYzg0MDIwOGZi

[43]   https://www.dw.com/de/titanic-wrack-suche-nach-
        vermisstem-u-boot-im-atlantik/a-65968139

[44]   https://de.wikipedia.org/wiki/Titan_(U-Boot)#cite_note-
        39

[45]   https://goodnews-for-you.de/willkommen-in-der-human-
        library/

[46]   https://www.amazon.de/V%C3%B6lkermord/dp/
        B0B6T12CLH/ref=sr_1_1?__mk_de_DE=%C3%8
        5M%C3%85%C5%BD%C3%95%C3%91&crid=13
        CGB0TL14ISG&dib=eyJ2IjoiMSJ9.W4DoVO_WjF
        doHu96F0nf3gdrP4NGNmAuxphIFdgMK3LGjHj0
        71QN20LucGBJIEps.sBHY3TQ5KxBKlopqHqOL_
        Z1XxFUCrEd2IhFkCOBDUIM&dib_tag=se&keywords=
        warum+wir+hassen+folge+6&qid=1710077985&s=inst
        ant-video&sprefix=warum+wir+hassen+folge+6%2Cinstant-
        video%2C99&sr=1-1

[47a]   https://www.bpb.de/themen/politisches-system/politik-
        einfach-fuer-alle/259080/was-ist-politik/

[47b]   https://creativecommons.org/licenses/by-sa/4.0/deed.
        de

[48]   https://www.bmi.bund.de/DE/themen/verfassung/
        parteienrecht/aufgaben-rechte-pflichten/aufgaben-rechte-
        pflichten-artikel.html

[49]   https://www.berlin.de/wahlen/wahlen/wahlen-2023/

[50]   https://www.deutschlandfunkkultur.de/bhutan-
        bruttonationalglueck-glueck-buddhismus-kapitalismus-100.
        htm

[51]   https://www.auswaertiges-amt.de/de/aussenpolitik

[52]   https://www.youtube.com/watch?v=L4XFCuFbiOY
        https://beteiligungskompass.org/

[53]   https://www.netzwerk-buergerbeteiligung.de/

[54]   https://www.lvz.de/digital/wie-rechtspopulisten-
        in-sozialen-medien-junge-leute-beeinflussen-
        ILVKHRMLIBEZNA6N7CVXXD6ZPA.html

[55]   https://www.stern.de/gesundheit/psychologie/glueck-
        -langzeitstudie-erklaert--was-uns-wirklich-gluecklich-
        macht-33148798.html

[56]   https://www.youtube.com/watch?v=bc17Jlu2-8U

[57]   https://religion-in-japan.univie.ac.at/an/Mythen/
        Symboltiere/Drei_Affen